팀워크 리부트

좋은 팀을 만드는 현업 밀착 팀장 가이드

리얼러닝

좋은 팀을 만드는 **현업 밀착** 팀장 가이드

팀워크 리부트

TEAMWORK REBOOT

박성규 지음

리얼러닝

추천사

정림건축은 인천공항, 국립중앙박물관, 스타필드, 코엑스와 같은 대규모 프로젝트를 설계해 왔습니다. 이런 프로젝트는 탁월한 기술력과 창의성이 필요합니다. 그리고 동시에 수십 명, 때로는 수백 명의 전문가가 서로의 역량을 연결하고, 신뢰 속에서 협업해야만 비로소 결과물이 세상에 모습을 드러냅니다. 그래서 우리 회사는 언제나 설계의 전문성과 더불어, "어떻게 하면 더 건강하고 좋은 팀으로 일할 수 있을까?"라는 질문을 붙들고 살아왔습니다.

"건강한 공간환경을 만들어서 더불어 사는 세상과 함께하는 것"

정림이 지난 60년 가까운 세월 동안 세대교체에 성공하며 그 사명을 이루기 위해서 꾸준히 매진해 나갈 수 있었던 비결이 있다면 그것은 팀워크입니다. 구성원 모두가 자신의 작은 팀에 그리고 중간 단위의 팀에 속하여, 각각 주도적이고 책임성 있게 함께 일하기 때문입니다. 여전히 팀으로 더욱 성장할 여지가 있지만, 1천 명이 훌쩍 넘는 구성원들이 통제와 감독이 아닌, 자율성과 주도성으로 일하여 놀라운 성과를 내는 것을 지켜보는 것은 신비하기까지 합니다.

『팀워크 리부트』는 책상 위에서 쓴 이론서가 아닙니다. 정림이라는 회사가 실제 현장에서 부딪히며 겪은 혼란과 시행착오, 그리고 그 속에서 얻은 성찰이 담긴 결과물입니다. 저자 박성규님은 오랜 시간 저와 함께 리더십과 팀워크의 본질에 대해 진지하게 토론하며, 그것을 조직 안에서 어떻게 현실로 구현할지 끊임없이 고민해 왔습니다. 이 책은 바로 그 여정의 결실이라 할 수 있습니다.

돌이켜보면 우리의 학창 시절이나 직장 생활은 언제나 누군가와 함께하는 과정이었지만, 정작 팀워크와 팀 리더십을 제대로 배우는 기회는 거의 없었습니다. 그래서 많은 조직이 여전히 "좋은 게 좋은 거지."라는 말 뒤에 숨어 있는 진짜 어려움을 외면하거나, 각자의 경험에만 의존해 답을 찾아왔습니다. 이 책은 그런 상황 속에서 팀워크를 단순히 협력의 기술로만 보는 것이 아니라, 사람을 이해하고 공감을 나누며 또 갈등 속에서도 새로운 길을 찾는 과정으로 풀어내고 있습니다.

이제 이 책은 정림의 경험을 넘어 더 많은 팀과 조직을 향해 나아갑니다. 독자 여러분이 이 책을 통해 '함께 일하는 법'을 새롭게 돌아보고 더 좋은 팀을 세우며 더 성숙한 리더십을 키워가기 바랍니다. 완벽한 정답은 없을지라도, 여러분이 속한 팀과 조직이 이 책을 계기로 한 걸음 더 건강하게 성장한다면, 그것이야말로 이 책이 가진 가장 큰 의미이자 우리 회사의 보람일 것입니다. 회사를 넘어 우리 모두는 서로 연결되어 있습니다. 우리 사회에 속한 구성원이 모두 함께 좋은 팀워크를 추구하여 더 나은 미래를 우리의 후손들에게 남겨줄 수 있기를 기대해 봅니다.

김형국 정림건축 이사회 의장

Prologue

2009년부터 지금까지 리더십 트레이닝을 업으로 하며 살아왔습니다. 리더십과 관련한 자료와 교수법, 심리학 자료 등 여러 연구를 기반으로 교육을 만들고 강의하고 있습니다. 얼마 전까지만 해도 많은 교육들이 리더를 대상으로 진행되었습니다. 회사 입장에서는 리더 교육이 회사의 문제를 해결하는 데 비용 대비 가장 효율적인 방식이기도 합니다. 그런데 리더십 교육을 진행해도 여전히 해결되지 않는 팀의 문제들이 점점 더 많아지고 있습니다. 팀 리더들은 새로운 세대와 팀을 이루며 일을 할 때, 이전 방식으로 지시하고 관리하기가 쉽지 않습니다. 다르다는 사실은 인정하면서도 어떻게 해야 할지는 답답한 마음이 큽니다. 어떤 말을 했다가 행여 '꼰대'라는 소리를 들을까 걱정합니다. 새로운 세대도 팀 리더를 비롯한 기존 구성원들과 소통하기가 쉽지 않습니다. 여기에 더해 지금 조직과 팀이 당면한 과제들은 점점 더 어렵고 복잡하고 불확실해지고 있습니다. 이렇게 어려워진 문제들은 팀워크를 더 요구하고 있지만, 구성원의 다양성과 상호 이해의 어려움은 팀워크를 어렵게 합니다. 기존의 리더 중심 체제에 비해 팀워크의 중요성이 더 높아지고 있다는 것을 현장에서 체험하고 있습니다.

복잡한 비즈니스 현장에서 높아진 난이도의 문제를 다양한 생각을 가진 구성원들과 해결해야 할 때, '어떻게 하면 효과적인 팀워크를 할 수 있을까'가 이 책의 주제입니다. 팀워크에 관련된 기술이나 지식, 태도는 팀 성과에서 매우 중요한 요소입니다. 이 부분을 이해하고 현장에 적용해야 합니다. 성과로 연결하려면 실제 팀에서 적용해 보며 결과를 얻고, 피드백을 통해 개선하는 과정으로 이러한 기술을 익히고 체화하는 과정이 필요합니다.

10여 년을 리더십 트레이너로 일하며 참가자들의 피드백을 받고 업데이트를 해왔습니다. 교육이 끝나고 설문을 받으면 현장에서 정말로 필요한 교육이라는 평가를 받았습니다. 그런데 적지 않은 사람들이 현장에서 적용하기가 어렵다고 이야기합니다. 배워서 아는 것은 많아졌는데, 실제 행동은 그만큼 따라주지 않아서 오히려 힘들어졌다고 합니다.

진짜 원인은 연습 부족입니다. 이 책은 이러한 한계를 해결하기 위한 목적으로 쓰였습니다. 배운 것에서 그치는 것이 아니라, 현장에서 쓸 수 있도록 각 기술별로 원리와 예시를 정리해 두었습니다. 단순히 책에서 머무는 지식이 아니라 실생활에서 연습하고 활용해서 업무와 삶의 현장에서 적용되고, 나아가 여러분의 삶의 변화를 가져다주는 습관이 될 수 있기를 바랍니다.

2025년 10월

저자 **박성규**

Contents

추천사   005

프롤로그   008

PART 1 _ □ ×

좋은 팀에 관한 이해

1. 팀은 무엇인가   016

2. 좋은 팀은 어떠한가   020

3. 효과적인 팀에 관한 연구   026

4. 좋은 팀의 핵심: 팀십   037

5. X관점과 Y관점   042

Contents

PART 2 _ □ ×

좋은 팀을 만드는 기술

1. 팀워크가 쉽지 않아요   048

2. 팀워크 기술 #0   공감적 소통   051

3. 팀워크 기술 #1   피드백   068

4. 팀워크 기술 #2   갈등대응   101

5. 팀워크 기술 #3   팀의사결정   123

6. 팀워크 기술 #4   팀회의   153

PART 3

좋은 팀을 만들기

1. 좋은 팀을 만들기 힘들어요 — 180
2. 좋은 팀원 가이드 — 182
3. 좋은 팀장 가이드 — 188
4. 리더로서 피드백 받기 — 199
5. 팀 문화 만들기 — 204
6. 팀의 한방향 정렬 — 208
7. 팀 성과 관리 — 216
8. 1대1 미팅 — 223
9. 팀 그라운드룰 세팅 — 242
10. 팀 갈등 중재 — 255

에필로그 — 276
참고문헌 — 282

Teamwork Rebooting ⋯ Please wait.

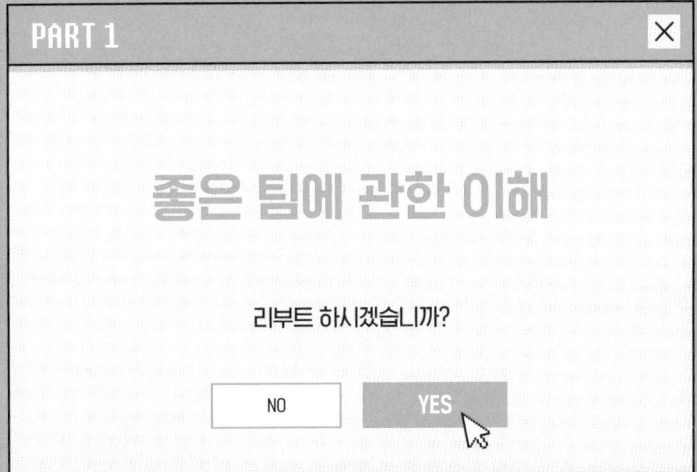

PART 1 좋은 팀에 관한 이해

1장
팀은 무엇인가?

좋은 팀을 이야기하기 위해, 먼저 팀이란 무엇인지부터 살펴봐야 합니다. 그리고 이후에 팀이 어떻게 성과를 내는지 알아보도록 하겠습니다.

사람마다 조직마다 심지어는 학자들도 팀을 정의하는 기준이 다릅니다. 인원수로 나누기도 하고, 기능이나 형태에 따라서도 팀을 구분하기도 합니다. 이렇게 각 조직이나 목적에 따라 팀에 관한 다양한 정의가 가능하기에 어떤 것이 맞다, 틀렸다 말하기 어렵습니다. 각기 다른 목적으로 팀을 정의하고 운영하기 때문입니다. 이 책에서 팀을 정의 할 때, 가장 중요하게 보는 것은 다음과 같습니다.

- 함께 만들어야 하는 팀의 목적이나 목표가 있고

- 그에 따른 팀의 일하는 구조가 직접적으로 상호작용이 가능하고
- 팀의 목표나 결정에 따라 개인의 업무가 실제적인 영향을 주고받으며
- 팀 성과에 대한 책임을 함께 지는가

팀에서 최종적인 책임을 지고 전체적인 결정을 하는 사람을 팀 리더 또는 팀장이라고 부릅니다. 그런데 팀장이 있고, 팀이라 불려도 상호작용 없이 각자 일을 하는 구조로 되어 있다면 이 책에서는 이러한 구성 조직을 팀으로 이야기하지는 않겠습니다. 상호작용을 통한 팀워크가 없다면 우리가 앞으로 이야기할 실제 팀으로서의 기능을 하지 않기 때문입니다. 이러한 조직을 이 책에서는 팀과 구분하여 워크그룹으로 구분하겠습니다. 팀의 핵심은 '상호작용을 통한 공동의 성과'이기 때문입니다. 서로의 작업에 의견을 낼 수 있고, 구성원들이 팀의 결정에 자신의 업무를 조정할 수 있어야 팀으로 기능할 수 있습니다. 서로 간 직간접적인 상호작용이 없다면 이 책에서 말하는 팀으로서의 효과를 기대할 수 없습니다.

팀으로 일하는 이유

팀으로 일을 하는 이유는 개인이 달성하기 힘든 목표를 달성하

기 위한 것입니다. 이 목표를 다른 말로 하면 성과입니다. 팀은 더 나은 성과를 내기 위해 만들어졌습니다. 팀이 성과를 내는 방법은 크게 3가지입니다. 첫 번째는 분업, 두 번째는 협업, 세 번째는 시너지입니다. 이 세 가지는 팀 구성원들의 상호작용 형태인데, 팀워크의 3가지 방식이라 보면 좋을 것 같습니다.

첫째, 분업은 일을 여러 단위로 나누어 정해진 분량을 수행하는 것을 말합니다. 주로 단순하고 명확한 업무에서 분업을 합니다. 분업의 핵심은 일의 단계를 잘 분해하고, 분석하여 효율적인 단위로 나누어 배분하는 것입니다.

둘째, 협업은 서로의 장단점을 이해해서 장점을 살리고, 단점을 최소화하는 형태로 일을 하는 것입니다. 기획자, 디자이너, 프로그래머, 마케터가 한 팀에서 일한다면 각자의 장점을 최대한 살려서 더 높은 수준으로 일할 수 있습니다. 서로의 강점을 살려서 일을 하는 방식입니다. 분업이 단순히 일을 나눈 것이라면, 협업은 강점을 기반으로 일하는 것으로, 큰 목적을 달성할 수 있는 효과적인 방법입니다. 협업의 핵심은 팀의 목적과 과업, 업무 프로세스에 따른 팀원들의 강점과 약점을 서로 이해하고 팀 내에서 비교우위를 가진 역량들을 바탕으로 업무를 배분하고 소통하며 일하는 것입니다. 협업은 분업보다 더 많은 소통이 필요합니다. 분업은 팀원 간

마감 시간과 업무의 질 정도의 소통이 필요하지만, 협업은 함께 성과를 만들어 내는 과정에서 서로의 업무에 영향을 크게 주기 때문입니다.

  셋째, 가장 높은 수준의 상호작용은 시너지를 내는 것입니다. 이는 각자가 가지고 있는 능력과 지식, 아이디어의 수준을 넘어 서로의 의견이 교환되고 충돌될 때 각자가 지닌 것보다 더 뛰어난 아이디어나 결과물을 만들어 내는 것을 말합니다. 협업이 각자가 가진 강점 극대화에 맞춰져 있다면 시너지는 각자가 가지고 있지 않았던 것을 창조해 내는 것이 특징이라 할 수 있습니다. 시너지는 수준을 나눌 수 있는데, 가진 것을 기반으로 서로의 생각을 피드백해 주는 수준부터, 서로가 전혀 생각지 못했던 새로운 아이디어 창조까지 다양한 스펙트럼이 존재합니다. 이러한 시너지는 다양성이 기반이 됩니다. 다른 생각을 지닌 사람들을 존중하고 그들의 생각을 이해하려고 노력하고, 내 입장을 넘어서서 목적에 기여하겠다는 생각이 있을 때 가능하기 때문입니다.

  이상적인 팀의 형태는 강점을 기반으로 기본 역할을 주고 때로는 분업이나 협업을 하며, 기존 방식으로 해결이 되지 않는 문제나 새로운 아이디어가 필요할 때 시너지를 내는 방식으로 일을 하는 것입니다.

PART 1 좋은 팀에 관한 이해

2장
좋은 팀은 어떠한가

좋은 팀은 어떤 팀일까요? 이 책에서는 좋은 팀을 학문적인 용어로 효과적인 팀 혹은 효과성이 높은 팀이라 표현하겠습니다. 팀 효과성 관련 연구를 살펴보면서 좋은 팀에 대해 알아보도록 하겠습니다.

가장 먼저, 좋은 팀은 어떤 결과를 내는지 살펴보겠습니다. 'The Wisdom of Teams 1993'에서 Katzenbach와 Smith는 '팀이 경험하는 업무 현장에서 직면하는 문제들에 관한 연구 후에 효과성 측면에서 5가지 수준의 팀이 있다'라고 주장했습니다. 이들은 이 연구를 바탕으로 삼각형의 형태로 효과적인 팀워크 모델을 제시했습니다. 각 꼭지점은 팀워크의 주요 결과물을 나타내고, 꼭지점을 연결하는 선은 그에 필요한 요소를 정의했습니다.

Wisdom: Katzenbach and Smith's model of team basics 1993

이 연구에서는 좋은 팀은 다음과 같은 3가지 주요한 결과물을 만들어 낸다고 합니다.

- **성과**: 팀의 목표 달성
- **팀작업 결과물**: 높은 수준의 작업물
- **구성원의 성장**: 팀 업무를 통한 개개인의 성장과 만족

좋은 팀은 먼저 팀의 목표를 달성해야 합니다. 좋은 팀은 성과를 내는 팀이고, 보통 이러한 성과는 회사의 미션과 정렬되어 aligned 있습니다. 목표 달성에 더해, 팀의 작업 결과물이 좋아야 합니다. 만약 영업팀이 영업 목표를 달성했다고 하더라도 그 달성 내용을 살

펴봐야 합니다. 대리점 밀어내기 같은 무리한 방식으로 영업이 되었다면 목표는 달성했지만, 내용이 좋다고 할 수는 없습니다. 동시에 일하는 과정에서 팀 구성원이 성장하고 만족해야 합니다. 팀의 성과도 좋고 결과물도 좋지만 구성원이 만족하지 못하고, 또 성장하지 못하고 정체되어 있다고 느낀다면 구성원은 오래 버티지 못하고 떠나게 될 것입니다.

이러한 3가지 지향점을 가지고 각 영역에서 기대하는 결과를 낼 때 좋은 팀이라 할 수 있고, 결국 이런 팀들만이 지속 가능할 것입니다. 예전에는 팀이 성과만 달성하면 작업 결과물의 질이나 구성원의 만족도는 크게 개의치 않고 운영했습니다. 그러나 지금은 성과를 내는 것은 물론이고, 여기에 작업의 질과 구성원의 만족도 반드시 동일하게 고려해야 합니다.

좋은 팀은 성과를 낼 때까지 어떤 단계를 거치는가?

Tuckman은 1965년, 팀의 발전 단계를 설명하는 FSNP Forming-Storming-Norming-Performing 모델을 발표했습니다. 대부분의 팀이 형성되면 훌륭한 성과를 낼 때까지 형성기-혼란기-성과기 단계를 거쳐서 팀이 개발된다는 설명입니다.

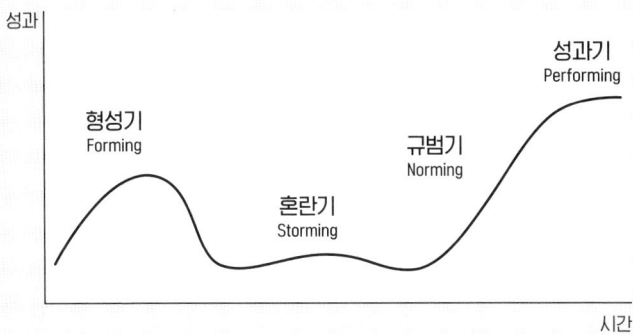

형성기 Forming
팀이 처음 생성되는 단계. 구성원들이 서로를 알게 되고 팀의 목표와 역할을 이해하는 시기

혼란기 Storming
팀이 서로 손발을 맞추기 시작하며 서로 다른 스타일과 기준으로 인해 혼란을 겪는 단계. 일하는 기준과 절차에 대한 합의가 필요한 시기

규범기 Norming
팀이 합의한 기준에 따라 일을 하면서 성과가 높아지는 시기

성과기 Performing
팀이 효과성을 발휘하며 높은 성과를 내는 시기

각 단계를 연결해서 설명하면, 처음에 팀이 만들어지고 형성기, 서로 일을 해 나가면서 다른 기준과 일하는 방식으로 갈등이 생겼다가 혼란기, 서로를 이해하며 일하는 방식이 잘 정돈되면 규범화, 좋은 성과를 낸다는 것입니다.

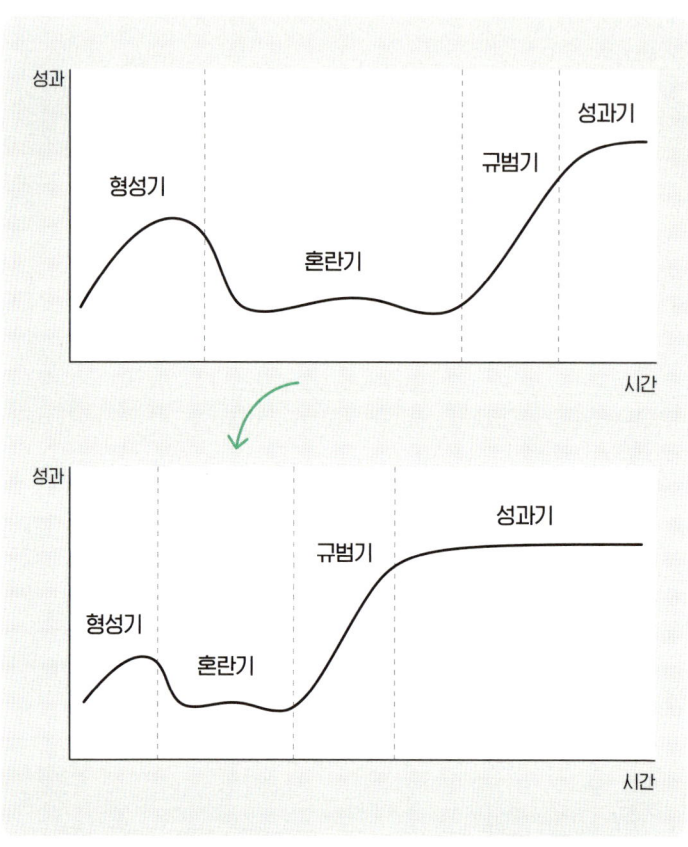

이 그래프를 보면 초기에 성과가 올라가는 짧은 구간이 있습니다. 형성기는 처음에 팀이 형성되어 사람들이 모이면 서로 잘해 보자는 마음으로 팀에 헌신하고, 다른 사람들을 조금 더 알아가고, 이해하려는 시기입니다. 그래서 팀을 시작하는 리더들에게는 이 시기가 굉장히 중요합니다. 팀 리더들은 초기 에너지가 있는 이 시기

를 잘 활용해서 혼란기를 짧게 가져가고 규범화 과정으로 빨리 전환해야 합니다. 형성기 때 리더가 팀원들이 서로 이해할 수 있게 돕고, 팀의 일하는 방식(팀 그라운드룰 등)을 잘 논의하고 정착시킬 때 혼란기를 줄일 수 있습니다.

PART 1 좋은 팀에 관한 이해

3장
효과적인 팀에 관한 연구

효과적인 팀에 관한 연구는 정말 많은데, 대표적인 연구 자료로 다양한 측면에서 팀 효과성 연구를 살펴보겠습니다.

GRPI 모델:
팀을 개발하는 순서

GRPI 모델은 1972년 Richard Beckhard에 의해 제안되었고, 이후 1977년 Irwin Rubin, Mark Plovnick과 Ronald Fry에 의해 널리 알려졌습니다. GRPI는 Goals목표, Roles역할, Procedures절차, Interpersonal Relationships상호관계 의 약자입니다. 각각의 세부 내용

은 아래와 같습니다.

Goals 목표
효과적인 팀은 반드시 분명한 목표와 방향이 있어야 함

Roles 역할
구성원들은 목표 달성을 위해 서로의 역할과 책임에 대해 명확하게 인식해야 함

Procedures 절차
성과를 달성하기 위한 효과적인 절차와 방법을 만들어야 함

Interpersonal Relationships 상호관계
구성원들은 서로 신뢰하며 효과적인 소통의 관계를 발전시켜야 함

팀을 개발할 때는 G→R→P→I 순서로 할 때 효과적이며, 팀의 문제를 진단할 때는 역순인 I→P→R→G로 진행하는 것을 제안합니다.

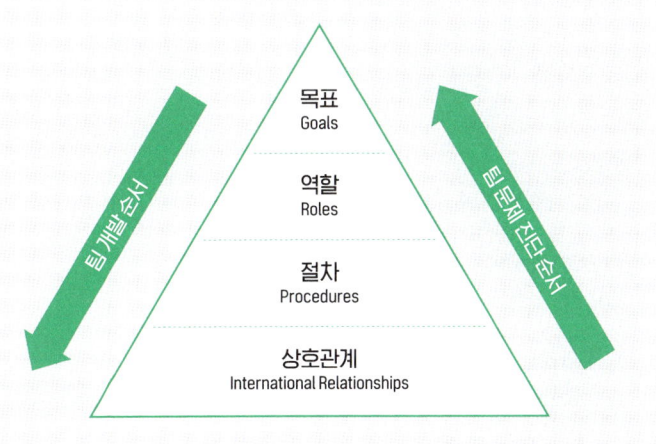

이 모델은 새로운 팀을 만들 때 참고해 볼 수 있습니다. 또한 현재 팀이 성과를 내지 못하고 있을 때 원인 분석과 해결 방안을 찾는 데도 도움이 됩니다. 예를 들면 어떤 팀이 성과를 잘 못 내는 이유가 구성원의 관계 문제인지, 업무 절차인지, 역할 배분인지, 팀 목표의 문제인지 단계별로 나누어 생각할 수 있게 도와줍니다.

The LaFasto and Larson Model:
효과적인 팀워크를 위한 5가지 역동

Frank LaFasto 박사와 Carl Larson은 '팀 작업과 협력을 위한 5가지 역동 Five dynamics of Team work and Collaboration, 2001'이라는 모델을 제시하며 효과적인 팀의 모델을 제시했습니다. 5가지 역동의 요소들은 아래와 같습니다.

팀원 Team members
각 팀구성원들의 기술과 특성

팀 관계 Team relations
팀원 간의 좋은 관계

팀 문제 해결 Team problem solving
팀 구성원들의 효과적인 상호작용 – 의사결정의 질을 높이고, 갈등을 낮추기

팀 리더 Team leadership
팀을 격려하고 영감을 주는 리더

조직 환경 Organization environment
회사의 지원과 올바른 조직 문화

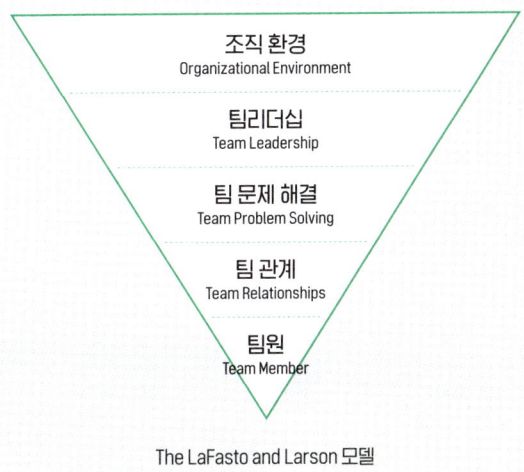

The LaFasto and Larson 모델

    이들은 이 연구에서 5가지 요소가 역동적으로 작동하면 팀의 효과성이 높아진다고 주장했습니다. 특이한 점은 팀 효과성의 문제가 조직의 환경과 지원, 문화의 차원으로 확대된 점입니다. 만약 조직 내의 팀들이 전반적으로 성과가 낮다면 각 팀을 살펴보는 것도 중요하지만, 조직 차원의 측면도 살펴볼 필요가 있다는 것입니다.

Lencioni Model:
팀의 5가지 문제

　Patrick Lencioni는 '팀의 5가지 문제/장애 The Five Dysfunctions of a Team, 2005'에서 팀 효과성에 대한 역발상적 모델을 개발했습니다. 이 연구에서는 문제가 있는 팀들에 대한 조사를 통해 팀효과성에 관해 설명합니다. 그리고 모든 팀은 이러한 문제 dysfunction, 장애 가 시작되면 점차 문제가 심화하는 경향이 있다며 다음 5가지의 순서로 문제를 다뤘습니다.

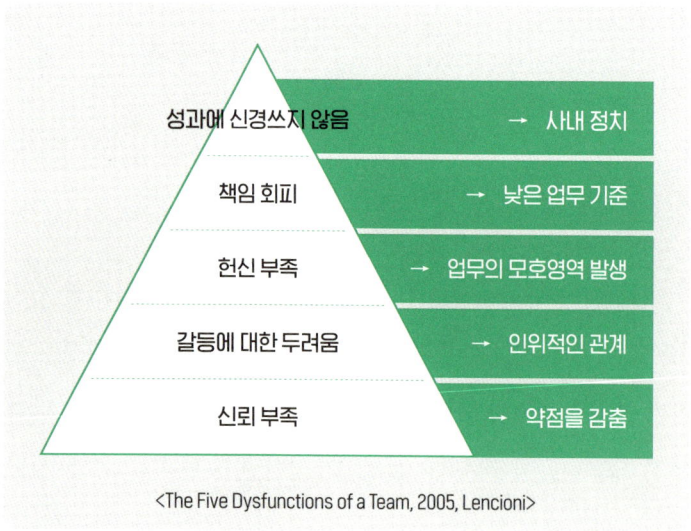

<The Five Dysfunctions of a Team, 2005, Lencioni>

- **신뢰 부재** Absence of Trust : 만약 팀원들이 서로의 약한 부분, 취약점에 솔직하지 못하면 신뢰를 만들 수 없음. 보통 분쟁을 대비하여 근거를 남기는 활동에 집중하고 잘못을 추궁당하지 않으려는 행동에 집중함
- **갈등에 대한 두려움** Fear of Conflict : 갈등을 피하고 겉으로 잘 지내는 척할 때, 적당한 수준에서만 일하게 됨. 서로에게 좋게 대하지만, 불편한 주제는 다루지 않음
- **헌신 결여** Lack of Commitment : 팀 구성원들이 헌신하지 않아서 결정이 늦어지고, 마감 시간이 지연됨. 각자의 역할이나 책임 소재가 모호해서, 일이 진행되지 않았다가 뒤늦게 문제가 발견됨
- **책임 회피** Avoidance of Accountability : 서로 책임지지 않으려 하고 업무 수행시 대체로 낮은 기준으로 일을 함
- **성과에 신경 쓰지 않음** Inattention to Results : 실제 업무 성과에 대한 노력보다는 사내 정치와 자기 주장을 중심으로 행동함

　Lencioni의 모델은 왼쪽 그림과 같이 피라미드 형태로 표현되며, 문제 해결은 아래에서부터 위로 수행해야 효과적이라 설명합니다. 팀에서 무엇이 문제인지 근본적인 원인을 파악하고 개선 방법을 찾는데 유용합니다. 상위의 문제들은 하위의 문제들을 대체로 포함합니다. 예를 들어 만약 사내 정치 현상이 빈번하게 발생하고 있

다면, 단순히 '그 사람은 이기적이다'라고 결론을 낼 것이 아니라, 그 현상의 하위 원인을 살펴봐야 합니다. 위의 단계부터 책임 회피, 헌신 부족, 갈등에 대한 두려움, 신뢰 부족이 있다는 것입니다. 이것을 다시 아래 단계부터 인과관계로 설명하면, 신뢰가 부족할 때 서로 다른 의견에 대한 논의가 어렵습니다. 그래서 논의 없이 진행되는 일들에는 참여와 헌신이 부족할 수밖에 없습니다. 헌신하지 않은 일에 대해서 책임을 회피하는 것도 당연한 결과입니다. 그래서 책임지기 어려운 업무 결과보다는 사내 정치에 의존하게 된다는 것입니다. 대부분의 문제의 근원은 신뢰 부족에서 시작합니다. 낮은 업무기준으로 일하는 팀이나 회사는 기준을 높이려고 하는 것이 아닌 그 아래쪽 문제들을 해결해야 합니다.

구글 아리스토텔레스 프로젝트:
효과적인 팀의 5가지 특징

마지막으로 살펴볼 것은 구글의 팀 효과성 연구입니다. 이 책의 근간이자 토대인 팀십teamsihp 을 개발하는데 참고가 되었던 연구입니다. 구글은 2012년 '아리스토텔레스 프로젝트'라고 알려진 효과적인 팀에 관한 연구를 진행했습니다. 180개의 팀과 250여 개의 속성을 연구했습니다. 구글의 연구자들은 팀 효과성을 두고 경영진, 팀 리더, 구성원의 세 가지 관점에서 종합적으로 분석했습니다. 연구자들은 팀 효과성에서 정말로 중요한 것은 누가 팀에 있는지보다 팀이 어떻게 함께 일하는지 즉, 팀의 상호작용이 더 중요하다는 것을 발견했습니다. 팀 효과성의 중요한 다섯 가지 요소는 다음과 같습니다.

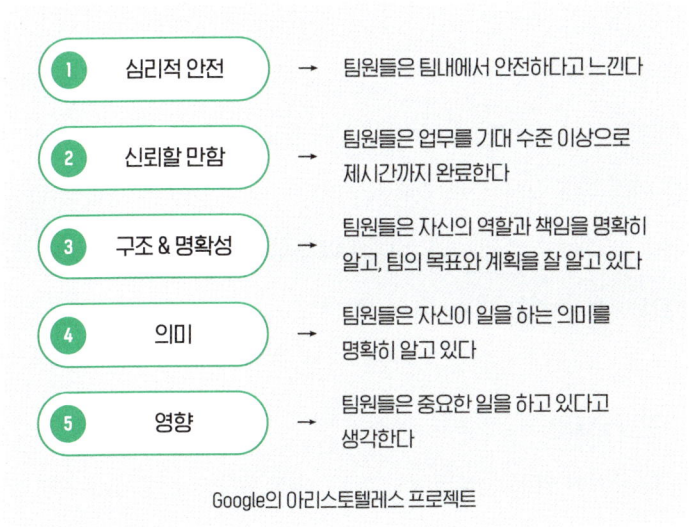

Google의 아리스토텔레스 프로젝트

심리적 안전 Psychological safety

팀원들은 팀 내에서 자신이 부족하거나 어떤 사실을 모르거나, 업무상 실수하거나, 다른 의견에 부정적인 반응을 보여도 다른 팀원들이 받아줄 것이라는 믿음을 가지고 있을 때, 팀에 대한 심리적 안전이 있다고 이야기 합니다. 심리적 안전감이 높은 팀에서는 팀원들이 솔직한 의견을 표현하고, 실수를 인정하고, 필요한 피드백을 주고 받습니다. 심리적 안전이 낮은 팀은 필요한 말을 하지 못하거나 이야기를 어렵게 꺼냅니다.

신뢰성 Dependability

팀원들은 약속한 시간까지 일을 기대한 수준으로 완료 합니다. 여기서 중요한 것은 기대수준입니다. 이 기대 수준은 팀장의 기대 수준도 아니고, 팀원의 기대 수준도 아닙니다. 팀장과 팀원이 합의한 기대 수준입니다. 팀내에서는 당연히 역량차이가 있고, 사람들마다 생각하는 수준이나 기대가 다릅니다. 업무협의나 약속을 할 때는 기대 수준을 명확히 해야 합니다.

구조와 명확성 Structure and clarity

구성원이 자신에게 맡겨진 업무 기대 사항과 이를 충족시킬 수 있는 프로세스, 개인별 성과 결과를 명확히 이해하는 것은 팀효과성을 높이는데 매우 중요합니다. 업무 목표는 개인차원이든 팀 차원이든 구체적이고 달성 가능해야 합니다. 업무에 관련된 정보 공유 시기와 방법, 정도에 대한 기준도 명확해야 합니다. 또한 팀 내에서 각 사안마다 의사결정 방법이나 결정권자, 결정방식, 시기 등도 공유되어 있어야 합니다. 이를 통해 자신이 하는 일이 팀의 목표 달성에 어떤 기여를 하고 있고, 내가 언제까지 무엇을 어떤 수준으로 해야할 지 이해하고 있는 상황이 되어야 합니다. 반대로 일은 하고 있는데, 왜 하고 있는지, 이게 팀에 어떤 기여를 하는지 모르면 몰입하기 어렵습니다.

의미 | Meaning

여기서 말하는 의미는 팀 구성원이 팀에서 일을 하는 이유로 그 일을 하는 이유가 개인적으로 의미를 가질 때, 업무에 더 책임감을 가지고 헌신할 수 있게 됩니다. 일의 의미는 사람마다 매우 다양합니다. 생계를 위해 돈을 버는 것, 일 자체의 즐거움, 일에서의 성취감, 경력개발, 팀 소속감 등 어떤 것이든 각 구성원이 자신이 하는 팀 업무의 의미를 발견할 때 더 몰입하게 됩니다. '내가 왜 이 일을 하는가?'에 대한 명확한 답이 있는 사람과 '나는 왜 여기서 이런 일을 하고 있지?'라고 목적이 선명하지 않은 사람 간에 업무 몰입도는 차이가 있을 수밖에 없습니다.

영향 | Impact

구성원들은 자신들이 하는 일이 팀에서 중요하다고 여겨질 때 효과성이 올라갑니다. 팀과 자신의 업무가 조직의 목표 달성에 기여하고 있고, 혹은 사회적으로 중요하고 꼭 필요한 일을 한다고 생각할 때 팀원은 더 열심히 일합니다. 반대로 우리 팀이 하는 일이 회사에서 별로 중요하다 여겨지지 않으면 업무 의욕은 생기지 않을 것입니다.

구글의 연구자들은 이 중에서 심리적 안전이 가장 중요하며 나머지 4가지 요소가 작동할 수 있는 토대가 된다는 것을 발견했습니다. 그래서 구글에서는 리더들이 이 심리적 안전에 대해 이해하고, 구축하는 방법을 아는 것이 팀 효과성을 높이기 위한 가장 핵심적 요소라고 판단했습니다. 또 하나 중요한 인사이트는 구성원들이 왜 일을 하는지 meaning, 자신의 업무가 팀과 조직, 사회에 기여하고 있는지 impact 에 대한 인식이 팀의 효과성을 높이는 데 중요한 요소라고 본 부분입니다. 이는 외적 요인보다는 구성원의 내재적 동기가 팀원들의 업무몰입에 더 큰 영향을 미친다는 것을 의미합니다. 특별히 리더의 피드백 받는 자세가 팀원들에게 큰 메시지를 던지며 리더가 피드백을 수용하고 개선하려는 노력이 팀의 심리적 안전을 높이는데 큰 기여를 합니다.

PART 1 좋은 팀에 관한 이해

4장
좋은 팀의 핵심, 팀십 Teamship

팀워크나 리더십 교육의 커리큘럼을 설계할 때, 현장의 리더들을 대상으로 인터뷰를 진행하면, 항상 빠지지 않는 요청이 팔로워십 followership 교육을 만들어 달라는 것입니다. 그 이유를 들어보면 대부분 자신은 좋은 리더십을 발휘하려고 해도 팀원들이나 구성원들이 잘 따르지 않아 어려움이 있다고 합니다. 정당하고 합당한 지시를 하더라도 소극적 태도로 일하거나 자기 마음대로 하거나 심지어는 거부하는 경우들이 생기면, 너무 난감하고 당혹스럽다는 것입니다. 그래서 팔로워십을 가르쳐서 말을 좀 잘 듣게 해달라는 것입니다. 현장에 있는 리더들의 답답함이 잘 느껴지는 요청입니다.

여기서 말하는 팔로워십은 구성원으로서 리더를 잘 따르고, 지지하며 충성하는 것을 뜻하는 듯합니다. 특히 우리나라의 남자 대부분은 군대 문화를 경험하면서 강력한 팔로워십을 요구받고 그렇게 행해왔습니다. 그런데 지금은 이런 수직적 관계를 기반으로 하는 팔로워십을 이야기하기는 쉽지 않은 시대입니다. 이제는 다른 패러다임에서 접근해야 합니다. 오히려 팔로워십보다 만약 근본적인 팁십에 관해 이야기하는 것이 더 의미가 있습니다. 팀십이 잘 발휘된다면 팔로워십은 어쩌면 더 이상 이야기 할 필요가 없을 수도 있습니다.

팀십

팀으로 일할 때 자기에게 맡겨진 역할도 중요하지만, 본질적으로는 팀의 목표 달성이 자신의 역할 수행보다 더 중요합니다. 자신의 역할이라는 게 결국은 팀의 목적을 달성하기 위한 것이기 때문입니다. 그래서 때로는 자신이 맡은 역할을 넘어서 팀의 목적과 목표를 달성하기 위해 헌신하는 것이 필요합니다. 이것을 팀십이라고 합니다. 팀워크에 관한 트레이닝을 하면 헌신이라는 단어를 불편해하는 분이 점점 더 많아짐을 느낍니다. 왜 그렇게 생각하는지 대화해 보면 헌신은 희생이라고 생각하기 때문입니다. '내가 희생까지 해가면서 일해야 하나?' 라는 생각이 들기 때문입니다. 그러나 여기서의 헌신은 희생보다는 투자의 개념으로 이해하는 것이 좋습니다. 내가 팀에서 누리는 것들이 있다면 팀이 존재하기 때문에 가능한 것이기 때문에, 팀이 먼저 잘 되도록 투자하고 그 투자의 결과로 내가 얻을 것들이 있다고 생각해야 합니다.

팀십이란 함께 팀구성원들이 팀의 목적 혹은 목표를 달성하기 위해 팀에 헌신 헌신이 불편하다면 투자로 읽으셔도 됩니다 하는 마음과 자세입니다. 그래서 좋은 팀십이란 팀이 잘되는 것에 마음을 두고 집중하는 것입니다. 또한 팀의 어떤 의사결정 과정까지는 서로 충분히 의견을 나누되, 결정이 나면 마음에 들지 않거나 동의하지 않더라도 팀의 목표 달성을 위해 팀의 결정에 헌신하는 것입니다. 때로는 리더가 판단하기에 시급한 문제의 경우 단독 결정을 하더라도, 팀십이 높은 구성원은 그 결정에 따릅니다. 반대로 어떤 구성원이 어려움을 겪고 있어서 팀의 성과 달성에 차질이 생길 것 같은 때, 리더나 다른 구성원이 함께 그 일을 해결하고자 하는 것도 팀십과 관련 있는 태도입니다. 팀십은 요구되는 것이라기보다는 함께 만들어 가는 것입니다. 그 과정에서 자연스럽게 팀십이 올라갑니다. 또 다른 측면에서 보자면 팀십은 리더십과 팔로워십이 잘 어우러진 상태라고 볼 수 있습니다. 여기서 리더십과 팔로워십은 고정된 역할이라기보다는 상황에 따라서 때로는 리더십을 때로는 팔로워십을 유동적으로 발휘하는 것입니다. 그러기 위해서는 서로의 생각을 잘 이해하고, 자신이 원하는 것을 잘 표현할 수 있어야 합니다. 때로는 서로의 부족함에 대해서 어떻게 받아들일까 하는 걱정없이 피드백을 할 수 있어야 하고, 서로 다른 의견이 있을 때 갈등과 대립이 아니라 발전적 합의의 기회로 삼아야 합니다. 이러한 행동들을 가능하게 하는 것이 팀십입니다. 팀십이 없으면 '내가 왜 팀워크를 해야 해?' 라는 질문에 답하기 어렵습니다.

그래서 팀워크가 잘 안된다면 먼저 살펴볼 것이 팀십입니다. '우리가 함께 팀의 목적을 달성하기 위해 헌신할 마음이 있는가?' 라는 것이 팀십에 관한 핵심질문입니다. 이 질문에 대한 답이 '그렇다' 라고 하면 그때는 팀워크를 발휘할 좋은 토대 위에 있는 것입니다. 그런데 만약 이 질문에 '아니오'라고 답한다면 효과적인 팀워크가 쉽지 않을 것입니다. 그렇다고 마냥 팀십만 올리려고 하거나 기다릴 수는 없습니다. 좋은 팀워크를 경험하면 팀십이 올라갈 수도 있습니다. '팀십이 먼저냐 팀워크가 먼저냐'라는 논의보다는 '서로 영향을 주고받는구나' 정도로 이해하면 좋을 것 같습니다.

중요한 것은 팀으로 함께 하려는 마음-팀십을 올리는 것입니다. 팀십이 표면적으로 드러나는 방식은 목표 달성을 위한 각자의 역할과 결정에 대한 인정과 존중입니다. 팀십이 높은 팀원은 자신의 역할에 최선을 다하고, 다른 팀구성원의 역할을 존중합니다. 만약 상대가 어떤 일에 대한 결정권을 가지고 있다면 그가 그 결정을 잘 할 수 있도록 나의 의견을 잘 전달해야 합니다. 이 과정에서 결국 상대의 결정이 내 의견과 다를 때, 결정권을 가진 사람의 판단을 따라주는 것이 상대의 역할에 대한 존중이며 이것이 팀십이 높은 행동입니다. 결정은 해당 사안의 결정권을 가진 사람이 하도록 하고, 나와 의견이 달라도 그의 결정을 존중하는 것이 팀워크의 핵심입니다. 혹시 충분히 내 의견을 전달하지 못했다면 사후 팀의 피드백 시간을 통해 이전 과정을 회고하면서 논의할 기회를 얻어 보완할 수 있습니다.

PART 1 좋은 팀에 관한 이해

5장
X관점과 Y관점

팀십을 발휘할 수 있는 환경을 조성하는 데 있어 가장 중요한 요소는 동료를 바라보는 관점입니다. 그 관점에 따라 접근 방식과 행동이 달라지기 때문입니다. 미국의 사회심리학자이자 경영학 교수인 더글라스 맥그리거Douglas McGregor는 1960년대에 인간 행동과 동기를 설명하기 위해 XY이론을 제안했습니다. 이 이론에서는 X관점과 Y관점에 따라 동료를 바라보는 시각에 따라 행동이 달라진다고 설명합니다. 현실에서는 대부분 X와 Y관점이 혼재되어 있으며 완전한 X도, 완전한 Y도 없습니다.

X관점은 '사람들이 기본적으로 일하기를 싫어하고 책임을 회피하려는 경향이 있다'고 가정합니다. 즉, 동료가 기대에 못 미치는 성과를 낼 때 '이 사람은 일을 하기 싫은가? 왜 이렇게 일을 하지? 어

떻게 해야 더 일을 하게 할까?'라고 생각하며 기본적으로 처벌과 보상을 통한 접근 방식을 취합니다. 처벌을 통한 방식은 목표를 달성하지 못한 팀원에게 강한 부정적 피드백을 주거나 압박감을 주는 것입니다. 이러한 접근법은 단기적으로 성과를 높이는 데 효과적일 수 있지만, 장기적으로는 팀원 개개인과 팀 전체의 스트레스를 높입니다. 지속적으로 통제받고 있다고 생각하는 팀원은 스스로 책임감을 느끼기보다 외부의 압력에 의해 행동을 강요받는다고 느끼기에, 자발적인 참여가 줄어들고 팀 목표에 대한 헌신도 약해집니다. 또한, 당근으로 표현되는 보상을 통한 동기부여 역시 한계가 있습니다. 처음에 보상을 주면 사람들이 일에 집중하지만, 점점 더 강한 보상이 없으면 성과 유지가 어렵게 됩니다. 나아가 기대하는 보상이 주어지지 않으면 동기는 급격히 떨어집니다. 이와 같이 외부 자극을 통해 사람들을 통제하는 방식은 사람들의 수동적 태도를 유도하며, 장기적으로 부정적인 결과를 초래합니다.

 반면, Y관점에서는 기본적으로 사람을 '높은 수준의 성취를 원하고 자발적인 동기부여가 가능한 존재'로 봅니다. 즉 사람들은 일을 잘하고 좋은 성과를 내고 싶어 한다고 가정합니다. 이 관점에서는 동료가 기대에 못 미칠 때 '이 사람도 잘하고 싶어 할 텐데, 어떻게 도울 수 있을까?'라는 질문을 던지며 접근합니다. 이는 단순한 문제 해결을 넘어 동료와 협력하여 함께 성과를 낼 수 있도록 돕는 과정으로 이어지고, 구성원들이 스스로 발전할 수 있도록 지원하며, 필요한 자원을 제공하거나 팀 내 다른 구성원들과 협력하도록 조율합니다. Y관점은 이러한 과정이 팀원의 스트레스를 줄이고 팀의 심리적 안전감을 높이며, 그 결과 동료 간의 신뢰가 쌓이고 팀 목표에 대한 자발적인 헌신이 강화되게 합니다.

이러한 X관점과 Y관점은 팀 문화 전반에도 영향을 미칩니다. X관점이 우세한 팀은 점차 통제와 부정적 피드백, 비난과 감시의 분위기로 변하게 되며, 팀원들은 개인 목표에 우선순위를 두게 되어 상호 신뢰보다는 경쟁과 경계가 지배적인 분위기가 될 가능성이 높습니다. 반대로, Y관점이 지배적인 팀에서는 자율과 책임이 기반이 된 협력적인 분위기가 조성됩니다. 팀원들은 서로의 성장을 위해 문제를 함께 해결하고 지원하는 문화를 형성하며, 이는 Y관점의 문화를 강화하는 선순환을 만듭니다. 이러한 팀에서는 구성원이 각자의 역할을 충실히 하면서도 팀 목표에 기여하는 동료로 인식하고, 필요할 때는 자신의 역할을 넘어 팀에 헌신하려는 자세를 갖게 됩니다.

결국 팀십은 단순한 개인의 헌신을 넘어, 팀원 모두가 팀의 목표를 자신의 목표로 여기며 동료와의 협력과 성장을 추구하는 과정에서 자연스럽게 올라갑니다. Y관점이 강화된 팀은 심리적 안전감과 협력적인 환경을 통해 팀 내 스트레스를 줄이고 상호 신뢰를 구축하며 성장의 기반을 마련합니다.

  가장 핵심적인 질문은 동료를 '일하기 싫어하는 사람으로 볼 것이냐?' 아니면 '일을 잘하고 싶어 하는 사람으로 볼 것이냐?'입니다. 만약 팀원이나 동료가 기대에 미치지 못하는 상황이 발생하면 이 질문을 떠올리고 동료를 어떻게 바라볼 것인가 생각해 보면 좋을 것 같습니다. 처음의 변화는 미미하더라도, 이것이 누적되면 큰 힘을 발휘하고 팀의 협력적 문화로 정착될 것입니다. 저는 팀원들이 제 기준에 맞지 않는 일을 가져오면, '왜 이것 밖에 못하냐?'는 질책이 아닌 '이 팀원도 열심히 노력하고, 일을 잘하고 싶을 텐데, 무엇을 도와주어야 할까?'로 접근합니다. 동시에 일을 지시할 때 내가 놓친 것은 없는지를 돌아봅니다. 팀원 중 팀장이 맡긴 일을 의도적으로 대충하거나 엉망으로 하려는 사람은 거의 없습니다. 대부분의 팀원은 팀장의 지시와 의도를 파악해서 나름의 결과물을 가지고 온 것입니다. 이때 내 기대에 맞지 않아도 열심히 했다는 인정과 함께 어떻게 해야 좋을지 머리를 맞대야 합니다.

Teamwork Rebooting ··· Please wait.

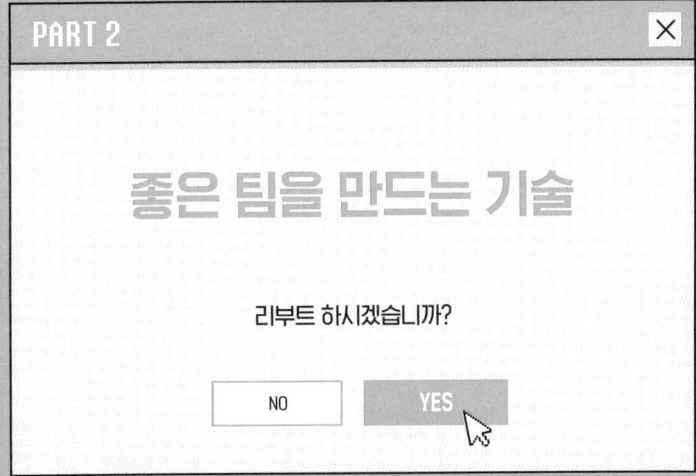

PART 2 좋은 팀을 만드는 기술

1장
팀워크가 쉽지 않아요

팀워크는 왜 어려운가? 제가 팀워크 트레이닝을 할 때 가장 먼저 드리는 질문 중의 하나입니다. 답의 모양은 다양하지만, 공통점이 있습니다. 결국은 '소통이 잘 안된다'는 것입니다. 팀에는 다양한 사람들이 모여 있는데, 일을 하면서 상대는 내 뜻을 잘 이해하지 못하고 나도 상대가 왜 그렇게 일을 하는지 잘 이해되지 않을 때가 있습니다. 마음에 여유가 있을 때는 '그래, 그럴 수 있지' 하다가도 또 어느 순간에는 도저히 용납이 되지 않습니다. 팀에는 나와 다른 사람들이 모여 있기 때문에 그렇습니다.

두 장의 사진에서 다른 부분을 찾는 게임을 우리나라에서는 '틀린 그림 찾기'라고 합니다. 영어로는 'spot the difference' 즉, 다른 부분 찾기입니다. 우리 문화에서는 '다르다'는 인식보다 '틀렸다'는 인식이 앞서기 때문입니다. 나와 다른 방식으로 일을 하는 사람을 보면 그렇게 일하는 방식에 관한 관심을 가지고 궁금해하는 것이 아니라 그렇게 일하면 안 된다고 말합니다. 물론 그 사람이 미워서 그러는 것이 아니라 애정을 가지고 바르게 고쳐주고 싶은 마음에서 그렇게 합니다. 그래서 말하는 사람이나 듣는 사람이나 다 속이 상합니다.

이번 파트에서는 팀워크의 기술을 다루려 합니다. 팀워크의 기술은 다른 것을 같게 만드는 기술이 아니라 달라도 되는 것은 다르게 대하고, 다르면 안 되는 것은 잘 합의하는 기술입니다. 달라도 되는 것은 최대한 허용하고 존중해 주어야 합니다. 또 다르면 안 되는 것은 무엇인지, 어떻게 할 것인지 논의하고 합의해야 합니다. 그런데 적지 않은 팀들이 달라도 되는 것은 통일이라는 명분으로 획일화하려고 하고, 다르면 안 되는 것은 복잡하고, 골치 아프다는 이유로 놔두는 경우들이 있습니다. 이렇게 되면 팀 구성원들의 다양성은 사라지고, 일은 진행되지 않습니다.

그래서 팀워크의 기술을 다룰 때 가장 중심에 두어야 하는 것은 다름에 대한 인정과 존중입니다. 다를 수 있다는 것을 충분히 인지하고 무엇이 다른지 어떻게 다른지 이해하는 과정이 필요합니다. 상대는 어떻게 느끼고, 무엇을 바라는지 이해하고 존중하는 것이 공감입니다. 상대의 감정과 욕구(기대)를 이해하고 존중할 수 있어야 팀워크 기술이 작동하기 시작합니다. 만약 상대의 감정도 모르고, 기대도 잘 이해하지 못하는 상황에서 피드백을 한다거나 갈등을 관리하려고 하면 더 큰 문제로 이어집니다.

결국 좋은 소통이 어려운 이유는 다르기 때문이 아닙니다. 다르다는 것은 팀을 시작하는 기본 시작 조건입니다. 그래서 다름은 소통이 필요한 이유이지 원인이 아닙니다. 다름 자체가 문제가 아니라 잘못된 대화 방식이 근본적인 문제입니다. 잘못된 대화 방식은 보통 잘못된 소통의 목적에서 비롯됩니다. 소통의 목적이 자기생각을 상대에게 관철하려고 할 때 소통은 어려워집니다. 이러한 소통의 목적을 상대에게 내 생각을 설득하는 것에서 상대에 대한 이해로 바꿀 때 소통이 쉬워집니다. 그렇게 상대를 이해하고 나면, 상대는 내 이야기를 들어줄 여유와 공간이 생깁니다. 아이러니하게 내가 이야기를 많이 하면 할수록 내 이야기는 상대에게 들리지 않고, 내 이야기를 줄이고 상대 이야기를 잘 들어주면 내 이야기가 더 잘 전달됩니다.

다음 장에서부터는 소통의 가장 기본기인 공감부터, 피드백, 갈등 다루기, 팀 소통, 의사결정 등의 팀워크 기술을 다룹니다. 막상 하려면 잘되지 않는 것 같고, 하면서도 잘하고 있는 건가 하는 생각이 드는 기술들입니다. 각 기술들을 하나씩 살펴보며 원리를 이해하고, 현장에서 적용할 수 있는 방법을 알아보겠습니다.

PART 2 좋은 팀을 만드는 기술

2장
팀워크 기술 #0 공감적 소통

다름과 틀림

사람들은 다릅니다. 그런데 우리는 무의식적으로 다름과 틀림을 구별하지 않는 경우들이 많다고 앞서 언급했습니다. 특별히 서로 다른 생각을 가졌을 때도 '나랑 생각이 달라'가 아니라, '나랑 생각이 틀려'라고 해서 문제가 일어나는 경우가 더러 있습니다.

이런 현상이 팀으로 일할 때도 종종 드러납니다. 회의 시간에 서로 다른 의견이 있을 때, 상대의 의견이 틀렸다고 생각하는 경우입니다. 예를 들면 어떤 사람이 자기 의견을 이야기할 때 상대방이 '그건 아니지'와 같은 말을 한다고 칩시다. 이때 이 말은 '틀렸다'라는 의미를 내포합니다. 이런 대화가 두어 번만 진행돼도 서로의 생각이 오가기보다는, '자기 말이 더 옳다' 혹은 '상대의 말이 틀리다'라는 것을 증명하는 대화로 이어집니다. 이러면 회의는 힘을 가진 사람이나 목소리 큰 사람, 주장이 센 사람의 의견으로 끝나게 됩니다. 이렇게 나온 결정은 힘이 없습니다. 회의를 통해 다른 사람의 의견을 더 이해하고 알아가는 것이 아니라, 내 의견이 옳다고 주장하는 논쟁 시간으로 변질됩니다. 소통하는 데 몇 시간을 써도 서로는 '소통이 안되는 사람'이라고 못 박아 버립니다. 그 이후에는 상대에 대한 감정이 나빠지고 당연히 대화를 더 어렵게 만드는 악순환을 반복합니다.

팀은 여러 사람들로 구성되고 각기 다른 생각, 경험, 관점 등을 가졌습니다. 이 다양성을 어떻게 다루는가에 따라 성과의 수준과 관계의 질이 달라집니다. 다양한 배경의 사람들이 모여 팀으로 일할 때는 '달라도 되는 것'과 '다르면 안 되는 것'에 관한 구분이 필요하고 그에 맞게 행동해야 합니다. '달라도 되는 것'은 서로 인정하고 배려하는 방법이, '다르면 안 되는 것'은 서로의 의견을 충분히 이해하고 합의해 나가는 과정이 필요합니다. 이러한 과정에서 상호 존중이 가장 중요합니다.

조직이든 팀이든 다양한 의견이 있지만 결국 언젠가는 무언가로 결정이 됩니다. 그 과정에서 내 생각과 다른 결론이 나더라도 자신의 의견이 존중을 받았다고 느낀다면 여전히 함께 팀으로 일할 수 있습니다. 반대로 이 과정에서 내 의견이 존중받지 못했다거나 무시당했다고 느끼면 함께 일하고 싶은 마음이 사그라듭니다. 직접적인 말은 아니더라도 '당신 의견은 틀렸어, 그렇게 생각하면 안 돼, 그게 말이 돼?'라는 메시지를 한두 번이라도 받으면 상대는 점점 입을 다물게 마련이고, 그와 동시에 팀에 대한 마음팀심도 떨어집니다. 나를 존중해 주지 않는다는 생각이 들면 팀에 헌신하려는 마음이 사그라듭니다.

그래서 다른 사람들이 모여 팀으로 일을 할 때 기본은 존중 기반의 소통방식입니다. 피드백이나 갈등 다루기, 업무 소통, 회의 등 다른 사람들과 함께 서로의 생각들을 나눌 때 서로 존중받는다고 느껴야 합니다. 많은 사람이 어려움을 이야기할 때, '일이 힘든 게 아니라 사람이 힘들다'라고 합니다. 이 말 속에는 아마도 '나와 다른 생각으로 의견 설득이 어렵다', '내 말을 잘 안 듣는다'라는 이야기와 '나를 무시하고 배려하지 않는다'라는 내용이 있을 겁니다. 그렇다면 서로 다른 사람들과 어떻게 존중의 대화를 할 수 있을까요?

존중이란 어떤 대상이 가치 있다고 여기고 소중히 대하는 것이며 인격에 관한 것입니다. 사람이기 때문에 갖고 있는 특성이 인격입니다. 특별히 상대의 감정과 욕구원하는것를 있는 그대로 받아들이고 상대가 생각하는 배려의 표현까지 해줄 때, 상대는 존중받았다고 여기게 됩니다. 그러기 위해서는 가장 먼저 상대의 감정과 욕구를 이해해야 합니다.

공감이란 '상대의 감정과 욕구를 이해하려는 노력과 그것을 있는 그대로 인정해 주려는 마음'을 이 책에서는 공감이라 하겠습니다. 상대의 감정과 욕구를 이해하려는 노력이 필요하고 '그럴 수 있겠구나'까지 간다면 우리는 이것을 일단 '공감하려 한다'라고 하겠습니다. 그러면 어떻게 다른 사람을 공감할 수 있을지 공감의 기술을 이야기해 보겠습니다.

공감이란

공감하라는 말은 너무나 많이 들었고, 해야 한다는 것도 다 압니다. 저 역시 공감하라는 말을 많이 들었고, 그럴 때마다 고개를 끄덕였지만, 막상 공감을 잘하지는 못했습니다. 도저히 이해할 수 없는 상대를 볼 때 '난 공감 못하겠다'라는 생각을 넘어 '이런 걸 왜 공감해야 해? 공감 안 할 거야'라는 마음도 있었습니다.

책이나 강의에서는 공감의 방법으로 다양한 것을 제시합니다. 예를 들면, 역지사지처럼 다른 사람 처지에서 생각해 보기, 소설과 영화의 인물에 이입해 보기, 상대의 이야기를 경청해 보기 같은 것입니다. 이런 방법들이 도움 되겠다는 생각은 들었지만, 막상 실제로 해보면 잘되지 않습니다. '나 같으면 그때 이렇게 했을 텐데? 나는 절대 그러지 않을 텐데' 등 공감하려고 그의 입장으로 들어가 보지만, 오히려 상대가 더 이해가 안되고, 심지어는 처음보다 더 화가 납니다. 같은 상황에도 나와 그는 다르기에 다른 생각과 행동을 합니다. 그래서 역지사지는 좋은 방법이기도 하지만 늘 작동하는 건 아닙니다. 본질적인 방법이라기보다는 좋은 팁 중 하나입니다. 그럼 실제 상황에서는 어떻게 공감 능력을 높일 수 있을까요?

다음은 팀워크 트레이닝 과정에서 실제로 참여자들이 적어 준 업무 현장에서 '나를 힘들게 한 말' 중 일부입니다.

- OO님, 그게 맞다고 생각하세요?
- 이게 최선인가요?
- 이것도 몰라요?
- 아직 이런 일 안 해봤나요?
- 일하기 싫은가 봐요?
- 그건 OO님 생각이고 제발 하라는 대로 좀 해주시죠.
- 그 정도는 당연히 해 줘야 되는 거 아닌가요?
- 상사가 "OO님이 알아서 하시죠"라고 해서, 알아서 하면 "아니, 일을 이렇게 하면 어떻게 하나요? 모르면 좀 제대로 물어보고 해야지…" 라고 할 때

어떤 생각이 드시나요? 이런 이야기를 들을 때, 그 말을 한 상대방에게 공감이 잘 되나요? 이런 걸 공감해야 하느냐고요? 공감은커녕 자존심 상하고 화가 나며, 짜증 날 것 같습니다. 사실은 이런 때가, 우리는 상대에게 공감을 할 때라고 생각해야 합니다. 상대가 이해되지 않을 때를 바로 공감이 필요하다는 신호로 받아들여야 합니다.

위의 말들은 상대가 감정을 다스리지 못하고 드러낸 표현입니다. 이런 표현을 잘 살펴보면 그 속에 말하는 사람의 감정이 묻어 있습니다. 그래서 우리는 상대의 표현을 통해 상대의 감정을 들여다볼 수 있고 한 단계 더 나아가면 그 감정을 일으킨 욕구를 추정해 볼 수 있습니다. 그 욕구가 충족되면 긍정적인 감정이 생성되고, 욕구가 충족되지 못하면 부정적인 감정이 생깁니다.

배가 고픈데,
- 맛있는 밥을 먹었다 → **행복하다**
- 밥도 못 먹고 야근하고 있다 → **짜증난다**

여기서 욕구는 쉬운 말로 원하는 것, 혹은 기대하는 것이라고도 이야기할 수도 있습니다. 이 욕구는 사람마다 다르고, 또 비슷한 욕구라고 하더라도 사람에 따라 다른 감정이 생기기도 합니다. 그리고 사람들은 이 감정을 가지고 상대에게 말이나 행동으로 표현합니다. 예를 들면 '이게 최선이야?' 같은 말은 나의 기대에 미치지 못한 업무에 대해서 못마땅하다는 감정 표현입니다. 그러나 이러한 감정이 섞인 말은 듣는 사람에게는 상처가 되고 말하는 사람에게는 자신의 의도를 제대로 전달 하고 소통이 잘 되지 않는 결과를 낳습니다.

자동적 생각과 반응

'이게 최선이야?'라는 말을 들으면 가장 먼저 어떤 생각이 떠오르나요? 강의에 참여한 분들에게 물어보면 크게 세 가지로 대답합니다. '지는 얼마나 잘해? 그렇게 잘하면 당신이 하지 그랬어?'^{한 번 싸워보자}, '나는 쓸모가 없네, 이런 것도 제대로 못하고.'^{자기 비하}, '멍~~'^{무대응, 무반응} 등등 머릿속에 가장 먼저 드는 생각을 이 책에서는 자동적 생각이라 하고, 그에 따른 무의식적 반응을 자동적 반응이라 하겠습니다.

자동적 생각은 자동적 행동으로 이어지게 되는데 이는 위협으로부터 나를 즉각적으로 지키기 위한 본능적 반응이기도 합니다. 이러한 자동적 생각은 죽는 날까지 계속해서 일어납니다. '자동적 생각을 안 해야지'라고 마음먹는다고 그렇게 되지 않습니다.

자동적 생각 중에서 원하지 않는 결과로 이어지게 만드는 생각은 삶에서 문제가 됩니다. 그러한 자동적 생각이 일어날 때 바로 알아채고 '내가 원하는 결과를 위해 자동적 행동이 아닌 다른 행동을 선택해야겠다'를 떠올려야 합니다.

감정과 욕구 이해하기

사람들의 표현에는 감정을 유추할 수 있는 힌트가 있다고 했습니다. '이게 최선이야?'라는 표현을 잘 들여다보면 말하는 사람의 감정이 묻어나는데, 혹시 여러분은 이 말에서 화자의 어떤 감정이 느껴지시나요? 저는 실망감과 짜증, 화 등이 느껴집니다. 부정적인 감정입니다. 이 부정적인 감정은 어떤 욕구기대 가 충족되지 않아서 생겼을까요?

아마도 '맡긴 일에 자신이 기대하는 수준이 있고, 그 수준을 충족시켜 주면 좋겠다'일 것입니다. 그런데 가져온 일의 결과가 그런 수준으로 되지 않아서 실망스럽고 답답했던 것입니다. 그래서 아마도 화자가 원하는 것은 맡긴 일이 기대에 맞게 완료되는 것이라 유추해 볼 수 있습니다.

좋은 팀은 일의 성과도 좋고 상호 간의 관계도 좋아야 합니다. 그래서 팀에서의 소통은 이 두 가지를 염두에 두고, 합의한 결과를 이루는 내는 것과 동시에 그 과정을 함께 하는 사람들과의 좋은 관계도 신경써야 합니다. 나쁜 감정이 생겨나면 그 지점에서 잠시 멈춰 생각해 보고, 원하는 결과와 상대와의 관계를 생각하며 표현하는 방법을 배워야 합니다. 또 다른 측면에서 듣는 입장에서는 상대의 표현을 통해 그 속에 담겨있는 감정을 유추하고, 그가 무엇을 원하고 있는지 생각해 봐야 합니다. 상대를 좀 더 이해하고 또 그의 욕구와 기대를 파악한다면 더 좋은 소통이 될 수 있습니다.

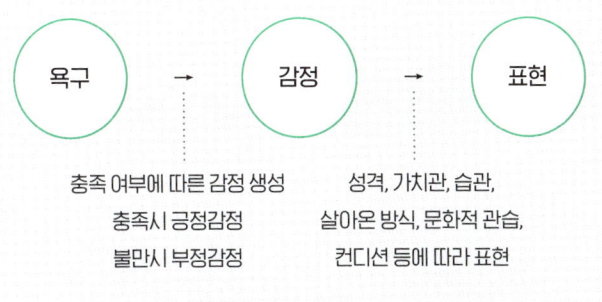

표현에서 감정을 읽고 감정에서 욕구를 추정하기

공감하기

'공감 능력이 좋다'라고 하면 상대의 감정과 욕구를 잘 이해하고, 그것들을 있는 그대로 인정해 주는 능력이 좋다고 할 수 있습니다. 같은 이야기를 들어도 겉으로 표현된 이야기만 듣는 사람이 있고, 그 이야기를 하는 사람의 감정과 욕구까지 이해하면서 듣는 사람도 있습니다. 또 다른 부류로는 상대의 감정과 욕구는 잘 알아채지만, 그것을 인정하지 않고 잘못됐다고 하거나 인정해 주지 않는 사람도 있습니다. 상대의 감정과 욕구를 무시하거나 더 나아가 이용하는 경우들도 있습니다. 그래서 상대의 욕구와 감정을 알아채는 것만으로는 공감 능력이 좋다고 이야기할 수는 없습니다. 이 책에서는 공감을 '감정과 욕구의 이해를 기반으로 하는 존중'까지 포함합니다.

'이게 최선이야?'라는 말을 들었을 때, 어떻게 상대를 공감할 수 있을까요? 공감 트레이닝 시간에 이 말을 한 사람에게 공감을 하라고 하면 난처함을 표합니다. 아니, 이런 인신공격적인 걸 어떻게 공감합니까? 이런 것도 공감해야 하나요? 네, 그렇습니다. 오히려 이럴 때가 공감이 필요한 순간입니다.

이 상황에서 공감은 이렇게 할 수 있습니다. '이게 최선이야?'라는 말을 들었을 때, 화가 나지만 잠시 참고 그 말에 묻어 나오는 감정을 읽고 '그 감정은 어떤 것이 충족되지 않아서 나왔을까?'라는 질문을 던지며, '아마도 기대하는 업무 수준이 있는데 그만큼 안 돼서 그런 감정이 들었나 보다'라고 스스로 답을 해 봅니다. 그 후에 상대방이 '그런 기대욕구와 감정을 가질 수 있지'라고 인정할 수 있다면, 이 책에서 말하는 '공감'을 했다고 할 수 있습니다.

중요한 것은 상대의 감정과 욕구에 동의하라는 이야기가 아니라, 상대가 '그렇게 느끼고 또 기대하는 것이 그런 것이구나' 하고 이해하고 인정하라는 것입니다.

공감된다 vs 공감한다

'공감된다'와 '공감한다'의 차이는 무엇입니까? 공감된다는 자연스럽게 상대의 상황과 마음, 감정, 기대 등이 이해가 되고 '그럴 수 있겠구나' 하는 것입니다. 우리는 재미있는 강사의 이야기를 들을 때 그 이야기가 잘 공감됩니다. 그런 사람들의 이야기는 흡입력이 있는데 그 기반은 공감입니다. 우리는 말을 할 때 상대가 공감되게 말해야 합니다. 상대가 노력하지 않아도 나의 감정과 욕구기대를 잘 이해하게 만드는 것이 공감되게 말하는 것입니다.

대조적으로 '공감한다'는 노력을 해서 상대의 상황이나 마음을 이해하려고 하는 것입니다. 청자로서 상대의 이야기를 들을 때 '이 사람은 어떤 감정일까, 무엇 때문에 그 감정을 느꼈는가'라고 헤아리면서 듣는 노력을 통해 상대의 감정과 욕구를 이해하려는 것이 '공감한다'의 과정입니다. 우리는 이야기할 때는 공감되게 말하고, 들을 때는 공감하며 들어야 합니다.

공감되게 말하는 것은 우리의 감정과 욕구가 잘 설명되게 이야기하는 것입니다. 앞서 '이게 최선인가요'라는 말을 공감이 되게 말한다면 '○○님, 제가 이 일을 맡길 때 기대했던 수준이 있었는데 그게 충족되지 않았어요. 마감 시간이 얼마 남지 않아 마음이 조급해서 초조하고 불안하네요'라고 할 수 있습니다. 말은 좀 길어질 수 있지만, 상대방은 적어도 그가 어떤 것을 원하고, 그게 잘 안돼서 지금의 감정까지 왔다는 것에 쉽게 공감될 것입니다.

이것은 상대에 대한 공격이 아닌, 나의 기대와 감정에 대한 표현입니다. 그래서 우리는 이야기를 하기 전에 나에게 어떤 감정이 있는지, 그 감정이 무엇인지 생각해 보고 왜 그런 감정이 생겼는지, 정말로 원하는 것은 무엇이었는지 생각하는 과정이 있어야 합니다. 그 후에는 '내가 기대하는 것은 ~~이었는데, 그게 되지 않아 마음이 ~~합니다'라고 표현합니다. 이것이 '공감되게 말하기'입니다.

많은 경우 우리는 공감보다는 오히려 상대를 비난할 때가 적지 않습니다. 비난한다는 것은 내가 기대하는 욕구가 충족되지 않은 것에 대하여 상대에게 비인격적으로 책임을 묻는 표현입니다. 그래서 비폭력대화NVC를 만든 마샬 로젠버그는 '비난은 충족되지 않은 욕구의 비극적 표현'이라고 합니다. 우리는 대화할 때 비난의 방식이 아닌, 나의 감정과 욕구를 상대가 이해할 수 있도록 공감되게 말해야 합니다.

   소통할 때 우리는 겉으로 드러난 표현단어, 목소리, 눈빛, 표정, 제스처 등만 보고 들을 수 있습니다. 우리가 빙산을 볼 때, 수면 위에 있는 부분만 볼 수 있는 것과 같습니다. 그래서 소통이 안되는 대화를 들어보면 겉에 드러난 표현만 다룹니다. 상대를 이해하기 위해서는 수면 아래의 것들, 즉, 감정과 욕구까지 들을 수 있다면 그리고 상대에게 비난이 아닌 존중의 방식으로 표현할 수 있다면 이전보다 더 협력적으로 일할 수 있을 것입니다. 이런 공감적 소통공감되게 말하기, 공감하며 듣기이 팀워크의 기본기입니다. 공감을 팀워크 기술 0번으로 놓은 이유입니다. 만약 공감이 없다면 팀워크의 다른 기술들은 작동하지 않습니다. 상대의 감정과 기대를 모르면서 일어나는 소통은 제대로 될 리가 없습니다.

> "의사소통에서 제일 중요한 것은
> 상대방이 말하지 않은 소리를 듣는 것이다."
> 피터드러커

공감과 동의의 차이

공감적 소통을 주제로 강의하면 늘 나오는 질문이 몇 가지 있습니다.

첫 번째, 동의가 안 되는데 어떻게 공감하나요?

공감과 동의는 다른 것입니다. 동의는 '나도 그렇게 생각해'이고, 공감은 '당신은 그렇게 느끼는군요'입니다. '나는 다른 생각을 가졌지만 당신은 그렇게 느낄 수 있고, 그 자체가 문제가 되지 않아요'라는 것이 동의하지 않지만 공감하는 상태입니다.

두 번째, 공감하면 원하는 대로 해줘야 할 것 같아요.

아닙니다. 오히려 다름을 이야기하기 위해서 공감이 필요합니다. 어떤 사람이 계속해서 자기 주장을 하고 있다고 가정하겠습니다. 이 사람은 왜 반복해서 똑같은 주장을 할까요. 그건 상대방이 자기 이야기를 이해하지 못했다고 생각했기 때문입니다. 이럴 때, 상대의 상황 속에서 감정과 욕구를 공감해 주고 그것을 표현해 주면 그 주장을 멈추거나 줄입니다. '당신께서 지금 말씀하시는 게, ~~한 상황에서는 ~~가 중요하고, 그래서 ~~한 고려가 필요하고, 그래서 결국 ~~를 기대하시는 거죠?'라고 말할 때 상대가 '맞아요, 바로

그거예요'라고 답하면 곧 그의 주장은 멈춥니다.

이 과정에서 상대가 존중받았다는 생각이 들었다면 나의 이야기도 존중해 줄 가능성이 높습니다. 이 상태가 되면 상대는 나의 이야기를 들어줄 수 있게 됩니다. 이때 상대에게 나의 상황과 기대 욕구, 감정들을 '공감되게' 이야기하면 상대는 나의 이야기에 공감될 것입니다. 나의 이야기를 이해받기 위해서는 먼저 이러한 이해의 노력이 필요합니다.

세 번째, 상대의 감정과 욕구를 잘 모르겠어요.

실제로 상대를 다 알 수 없습니다. 그러나 좋은 소식은 맞추지 못해도 괜찮다는 것입니다. 만약 상대와 이야기 하면서 공감하며 들으려 할 때, 그저 공감의 표현을 하면 됩니다. '제가 당신의 이야기를 들으니, 이런 상황에서는 이런 걸 기대하고, 그래서 이렇게 느끼셨겠네요'라고 이야기를 해보면 상대는 여기에 '맞아요'라고 답할 수도 있고, '아, 그렇지 않고요, 저는 그때 이렇게 느꼈어요'라고 답할 수도 있습니다. 맞추는 것 보다 더 중요한 것은 상대를 이해하려고 하는 노력입니다. 이런 과정으로 이야기가 진행되면 상대의 진짜 감정과 욕구를 이해해 갈 수 있습니다. 여기서 팁은 감정을 이해하려고 하는 것보다는 감정을 통해 욕구와 기대를 파악하는 것입니다. 화가 난 감정은 쉽게 이해되지 않지만, 그 감정을 일으킨 욕구나 기대는 이해가 훨씬 쉽습니다. 욕구를 이해하면 그에 따른 감정은 자연스럽게 이해가 됩니다. 뜻대로 되지 않았을 때 좌절스럽고 화가 나는 것은 너무 당연합니다.

그래서 대화가 끝났을 때 상대는 '존중받고 있구나'라는 느낌을 받게 됩니다. 그런 느낌을 받을 때 소통은 의미가 생기고, 함께 하려는 마음도 커집니다. 그래서 잘 모르더라도 공감을 할 때, 상대에 대한 존중에 중점을 두어야 합니다.

네 번째, 나만 이렇게 매번 공감해야 하나요?

여기서 생각해 봐야 할 것은 '만약 둘다 공감하지 않는 대화를 한다면 어떻게 되는 것인가?'입니다. 내가 공감해서 대화하려고 노력하는 것과 둘 다 공감이 아닌 비난의 대화로 갈 때의 결과 중 '우리에게 혹은 더 나아가 나에게 어떤 것이 더 이득인가?'를 따져 볼 필요가 있습니다. 나의 시도와 노력으로 더 좋은 소통을 만들 것인지, 아니면 서로 비난하며 소통을 멈출 것인지 선택해야 합니다.

또 다른 한편으로 성숙의 관점에서 살펴볼 수도 있습니다. 상대와 상관없이 내가 더 나은 사람, 더 괜찮은 사람, 더 공감하는 사람이 되는 것에 초점을 맞춰보면 어떨까 싶습니다. 그리고 상대를 연민의 눈으로 바라 보길 제안드립니다. 상대가 공감을 못하는 것을 안타깝게 여기고, 아마 그 사람도 다른 사람을 존중하고 싶은 마음이 있을 텐데 그러지 못하고 있는 것을 애석하게 봐주는 것입니다.

　메타 이모션이라는 개념이 있습니다. 쉽게 말하면 감정에 대한 감정입니다. 어떤 일에 짜증이 나면 짜증이 난 감정에 대한 감정이 일어납니다. 예를 들면 짜증을 안 내기로 했는데, 짜증이 나서 스스로에게 화가 나는 것입니다. 반대로 내가 어려운 상황에서 다른 사람을 존중하고 배려했다면 뿌듯한 감정이 들고 이어서 스스로에게 자랑스러운 느낌이 듭니다. 그 감정들이 연속적으로 이어지면서 어떤 것들은 선순환으로 또 어떤 것들을 악순환으로 이어집니다. 공감과 존중으로 이어지는 감정들은 우리를 더 괜찮은 사람으로 만들고, 비난과 무시로 이어지는 감정들은 우리를 무겁고 힘들게 만듭니다. 존중은 우리가 사람이기 때문에 마땅히 해야하는 당위이기도 하지만, 또 실제적으로도 우리의 성장과 삶의 만족에 도움이 됩니다.

　존중을 기반으로 하는 공감의 기술을 익히면 함께 일할 수 있는 기본기가 갖춰진 것입니다. 그 기본기가 팀워크를 할 때 반드시 필요합니다.

PART 2 좋은 팀을 만드는 기술

3장
팀워크 기술 #1 피드백

피드백이란

　리더십이나 팀워크 트레이닝 진행시 사람들이 가장 어려워하는 주제 중 하나가 피드백입니다. 흥미로운 사실은 피드백을 주는 처지일 때는 상대가 잘 피드백을 받지 못한다고 느끼고, 피드백을 받는 처지에서는 피드백을 주는 사람이 제대로 된 피드백을 주지 못한다고 느낍니다. 그래서 서로가 피드백을 피하는 경우가 늘어납니다. 피드백 상황에서는 보통 주는 사람이든 받는 사람이든 부정적인 자동적 생각이 더 강하게 일어납니다. 이런 상황에서는 이성적 대응보다는 감정적 반응이 앞섭니다. 그리고 그 감정적 반응은 대개 서로의 마음을 상하게 하는 경우가 많습니다. 이런 감정적 피드백 과정을 조금 더 들여다보면, 주는 처지에서는 '상대가 어떻게 받아들일까?'에 대한 걱정과 동시에 '나는 제대로 하고 있나?'라는 자기 검열이 생겨서 피드백을 하기 망설여집니다. 또 피드백을 받는 입장에서는 '지는 얼마나 잘해서?'라는 공격적 반응이나, '내가 못나서 그렇지. 나는 도움이 안돼'와 같은 자기비하로 대화가 종료되면 큰 후유증을 앓고 피드백을 받기 두려워하게 됩니다. 피드백을 준 사람도 상대가 이렇게 반응하면 난감합니다. 이렇게 되면 피드백을 하려고 하지도 않게 되고, 받으려 하지도 않게 됩니다.

　피드백은 개선과 발전을 위한 가장 기본적이고 즉각적인 방법입니다. 피드백이 없이는 성장이나 강점 활용, 오류 수정 등이 어렵습니다. 그런데 이 좋은 피드백이 쉽지 않습니다. 그래서 우리는 피드백을 좀 더 들여다볼 필요가 있습니다. 우선 피드백은 어떤 속성을 가지는지부터 살펴보겠습니다.

피드백의 속성

피드백은 진실이 아니다. 의견이다.

　피드백은 과거의 행동과 경험을 통해 미래에 대한 바람을 요청하는 행위입니다. 어떤 사건이나 일어난 일의 결과를 보고, 앞으로는 이렇게 했으면 좋겠다는 것입니다. 때로는 앞뒤를 다 자르고, "~~해"라고 표현되기도 하지만, 자세히 생각해 보면 과거에 있었던 일을 근거로 앞으로의 행동을 요청하는 것입니다. 그래서 과거를 해석하는 것과 미래를 요청하는 방식이 피드백의 본질입니다. 그런데 피드백을 받는 사람이나 주는 사람이 과거 사건에 대한 해석을 다르게 하면 미래에 대한 기대와 요청도 달라집니다. 문제에 대한 원인이나 인식이 다르면 미래를 합의하기가 쉽지 않게 됩니다. 또 사건에 대한 해석은 같지만 미래 변화에 대한 생각이나 방법은 여전히 다를 수 있습니다.

피드백에서 가장 먼저 전제해야 할 것은 피드백은 사실이 아니라 각자의 의견이라고 생각하는 것입니다. 적지 않은 경우, 특히 상하 관계가 강한 경우에는 상사의 피드백이 진실이라고 받아들여서 힘들어하는 경우가 많습니다. 상사도 피드백하면서 '이게 팩트야'라는 방식으로 전달합니다. 물론 경험이 많고, 단순하고, 예측이 가능한 일들이라면 사실에 가까운 해석을 할 수 있을 것입니다. 그렇지만 여전히 피드백은 의견입니다. 이런 피드백의 속성을 잘 표현한 신조어가 있습니다. 바로 뇌피셜입니다. 뇌피셜이란 '자신의 처지에서만 인정하고 있는 공식 의견' 정도로 설명할 수 있습니다. 그래서 피드백은 주는 사람 처지에서는 진실이 아니라 개인 의견이라고 생각해야 하고, 또한 받는 사람 역시 상대방의 의견 정도로 생각해야 합니다.

피드백은 내가 모를 수 있는 영역이다 사각지대, Blind window

	내가 안다	내가 모른다
타인이 안다	열린 창	보이지 않는 창
타인이 모른다	숨겨진 창	미지의 창

위의 표는 조하리의 창 Johari's Window 이라고 불리는 2X2 매트릭스입니다. 다른 사람들과 관계를 맺을 때 위와 같은 4개의 영역이 생겨납니다. 아무리 자기 인식이 뛰어난 사람일지라도 다른 사람은 아는데 자신은 모르는 영역이 있습니다. 이 영역을 보이지 않는 창 blind window 이라고 부릅니다. 피드백을 받을 때 가장 먼저는 피드백은 '주는 사람의 의견이다'라고 생각해야 합니다. 그러면서 동시에 그 피드백이 '타인은 알지만, 나는 모르는 영역일 수 있다'라고 생각해야 합니다. 이 부분을 잘 활용하면 나에 대해서 더 잘 알게 되고, 또 성장할 기회들이 생기게 됩니다.

피드백을 잘 받는다는 것은 상대의 해석을 이해하고, 기대를 파악하는 과정을 통해 어떻게 할 것인지를 결정하는 것입니다. 그래서 이 책에서는 피드백을 받는 것을 '상대의 관점과 기대를 이해하고 어떻게 할 것인지를 결정하는 과정'이라고 하겠습니다. 이 피드백의 개념을 팀워크로 가져온다면, '팀의 목표를 달성하기 위해 업무, 성과, 성장 등에 대한 서로의 의견을 이해하고, 이후 진행을 논의하는 소통하는 방법'이라고 정의할 수 있겠습니다.

피드백의 3요소

피드백은 주는 사람 전달자, 피드백의 내용 메시지, 받는 사람 수신자의 세가지 요소로 이루어져 있습니다. 이 3요소가 제 기능을 할 때 피드백이 잘 작동합니다.

① 전달자 – 역할, 자격

피드백을 주는 사람이 그 피드백을 줄 역할이 아닐 때 피드백은 잘 작동하지 않습니다. 만약 지나가는 사람이 우리 집안일에 끼어든다면 대번에 "당신이 뭔데?"라는 소리를 듣게 됩니다. 그때는 서로 기분만 나빠지고, 피드백은 전혀 기능하지 않습니다. 마찬가지로 회사에서도 옆 팀의 팀원이 우리 팀에 대한 피드백을 한다면, 예의상 들어주기는 하지만 그리 유쾌한 상황은 아닐 것입니다. 오지랖이라는 생각이 듭니다. 그래서 피드백을 줘야 하는 상황이라면 가장 먼저 생각해야 할 것은 '내가 피드백을 주는 역할이 맞는가'부터 생각해야 합니다. 전달자로서 자격 또한 중요합니다. 만약 자신이 매번 10~20분씩 지각하면서 회의 때 1~2분 정도 지각하는 사람에게 늦지 말라고 피드백을 한다면, 상대방은 이 피드백을 잘 받기 어려울 것입니다.

② **메시지 – 구성, 톤&매너, 상황**

피드백을 할 때 메시지를 잘 구성하지 못하면 피드백의 의도와 목적이 잘 전달되기 어렵습니다. 예를 들어, 부정확한 정보, 편협한/비합리적인 논리, 지적이나 비난의 형태, 빙빙 돌려서 말하기, 적절하지 못한 상황 등 입니다.

- **부정확한 정보/편협한 논리**: 부정확한 정보는 섣부른 판단, 성급한 일반화, 잘못된 해석 등으로 발생합니다. 안타까운 것은 피드백을 주는 사람은 자신이 부정확한 정보를 근거로 이야기할 때 그것이 마치 사실인 것처럼 이야기한다는 것입니다. 자기만의 뇌피셜입니다. 편협한 논리도 마찬가지로, 자신의 의견이 정답인 것처럼 말하는 것입니다.
- **비난**: 메시지가 상대에 대한 비난의 형태를 띠면 상대방은 위축되고 방어적 태도를 취하거나, 때에 따라서는 공격적 태도를 취하기도 합니다. 이 역시 피드백이 받아들여지기 힘듭니다.
- **돌려서 이야기하기**: 빙빙 돌려서 이야기하면 끝나고 나서 '얘가 알아들었나?'라는 질문이 떠오릅니다. 얼마 지나고 나서 확인해

보면 피드백을 받은 사람은 전혀 이해하지 못한 것을 깨닫습니다. 심지어는 개선을 위한 피드백을 하려고 했는데 상대방은 칭찬으로 알아듣는 때도 있습니다.

- **부적절한 시점/상황**: 아무리 맞는 말이라 하더라도 피드백 시섬이 너무 빠르거나 혹은 너무 늦으면 피드백의 효과가 약하거나 심지어는 역기능을 합니다. 피드백을 주는 상황도 문제가 될 수 있습니다. 팀 전체가 모인 자리에서 피드백을 하거나, 개선을 요청하는 피드백을 할 때, 그 피드백을 받는 사람이 부끄러움이나 수치심을 느낀다면 피드백의 메시지 보다는 그 감정에 압도되어 이 역시 피드백이 잘 전달되지 않습니다.

③ 수신자 - 자존감, 변화 의지

아무리 피드백 전달자가 피드백을 전달해야 하는 역할이 맞고, 적절한 상황에 합리적인 피드백을 하더라도 피드백을 받는 사람이 자존감이 낮거나 변화에 대한 의지가 없을 때 피드백은 작동하지 않습니다. 자존감이 낮은 사람에게 피드백을 하면 자기 비하의 늪으로 빠지는 경우가 있습니다. 변화의 의지가 없는 사람은 핑계와 변명으로 일관하는 경우가 많고, 심지어는 피드백을 주는 사람에게 책임을 전가하거나 비난하기도 합니다. 반대로 피드백을 받는 사람이 자존감이 높고 성장하려는 마음이 크다면, 개떡같이 말해도 찰떡같이 알아듣습니다. 따라서 피드백을 받는 사람의 상태와 의지를 살피는 것이 중요합니다.

피드백 받기

우리는 늘 피드백을 받습니다. 직접적인 피드백도 있고 간접적인 피드백도 있습니다. 심지어 무반응도 피드백입니다. 특히 상대가 아무 반응을 하지 않는 것은 아주 강력한 피드백입니다. 우리 삶은 피드백의 연속입니다. 그래서 우리는 늘 받는 피드백을 어떻게 활용할 것인지 생각해 볼 필요가 있습니다.

성장과 학습의 원리는 실행학습 → 결과 → 피드백개선, 유지, 전환 등입니다. 실행은 결과를 가져옵니다. 그리고 그 결과에 대한 피드백을 통해 이후 활동을 결정하고 다시 실행할 때 성장과 학습이 일어납니다. 만약 어떤 행동이나 학습을 하지만 그에 대한 피드백을 받지 못할 때는 학습이나 성장이 일어나기가 어렵거나 더딥니다. 이런 의미로 피터드러커는 확실하고 유일한 학습 방법이 피드백이라고 했습니다.

그렇다면 피드백을 잘 받는다는 것은 어떤 것일까요? 피드백을 잘 받는다는 것은 상대의 관점과 기대를 잘 이해하고 나서 어떻게 할 것인지를 결정하는 것입니다. 좀 더 구체적으로 '피드백을 잘 받는다는 것은 상대가 과거에 일어났던 일을 어떻게 해석하고 있는지, 또 그래서 앞으로 어떻게 했으면 좋겠다'에 관한 의도를 제대로 이해한다는 것입니다. 개념은 쉽지만 실제로는 쉽지 않습니다. 그 이유는 공감적 소통에서도 언급했던 자동적 생각 때문입니다. 피드백을 받을 때, 피드백 3요소 전달자, 메시지, 수신자 별로 부정적인 자동적 생각이 일어납니다. 3가지가 다 일어나기도 하고 그 중에 한두 가지가 동시에 일어나기도 합니다.

① **전달자에 대한 부정적인 자동적 생각**
  '자기는 잘하는가' 자격, '이런 말을 왜 하는가' 의도, '자기가 뭔데' 역할 등

② **메시지에 대한 부정적인 자동적 생각**
  '그거 틀린 이야기인데' 사실, '논리가 안 맞는데' 합리성,
  '그걸 꼭 이때 이야기해야 하나' 시점, '이렇게 사람들 많은 데서' 상황,
  '무슨 말을 하는 건지 모르겠네' 명료성 등

③ **수신자에 대한 부정적인 자동적 생각**
  '그래 난 쓸모가 없어' 무력감, '난 할 수 있는 게 없는데' 고정적 사고 등

이러한 자동적 생각은 피드백을 부정하게 되고, 피드백을 준 상대를 공격하거나, 메시지 자체를 인정하지 않거나, 자신을 향한 비하로 이어지게 만듭니다. 피드백을 잘 받기 위해서는 각각의 부정적 생각이 일어날 때, 잠시 멈춰서 Stop, 생각해 보고 Think, 내가 원하

는 결과를 위한 선택Choose을 하는 것이 필요합니다. 이것을 STC라고 합니다.

부정적인 자동적 생각 다루기

① 전달자에 대한 부정적인 자동적 생각

혹시 애정 어린 마음으로 조심스럽게 피드백을 했는데, 관계가 어려웠던 경우나 실망했던 적이 있진 않으신가요? 피드백을 주려고 했을 때 어떤 마음이었나요? 아마도 어려운 이야기지만 상대에게 도움이 될 것으로 생각했을 것입니다.

세상에 완벽한 전달자는 거의 없습니다. 우리는 모두 서툰 부분이 있습니다. 그런데 전달자가 완벽하지 않다고 해서 그가 전하는 메시지를 생각해 보지 않는 것은 나에게 오히려 손해일 경우가 적지 않을 것입니다. 예를 들면 매 회의 시간마다 10분 정도 늦는 상사가 어느 날 내가 2분 지각하는 것을 지적할 때, 우리는 '자기는 맨날 늦으면서 내가 2분 지각했다고 뭐라고 하네, 자기나 잘하지'라고 자동적으로 생각합니다. 그래서 이런 지적에 공격적으로 '당신은 매 회의시간마다 10분씩 늦는다'는 것을 이야기할 수도 있습니다. 나에 대한 피드백에서 상대에 대한 피드백으로 전환되는 것을 경로변경 대화Switch Track Conversation 라고 합니다. 이렇게 대화 경로가 변경되면 상사와의 관계는 어떻게 될까요? 상사는 감정이 상하고 그 역시 공격적으로 나오거나, 아니면 그 상황에서는 물러서지만 분해하며 이를 갈지 않을까요? 이후 관계의 어색함과 상사는 물론, 피드백을 받은 사람의 마음 상함이 충분히 예상됩니다. 또 앞선 자동적 반응에 공격적이지는 않더라도, '네, 알겠습니다' 하고 답하더라도 여전히 '자기나 잘하지'라는 생각을 가지고 속으로 상대를 비난하면 나의 성장에도 도움이 되지 않고, 그 사람과의 관계도 그리 좋지 않을 것입니다.

다시 방금 예를 든 피드백의 상황으로 돌아가서, 어떻게 하는 것이 피드백을 받는 사람에게 가장 도움이 될까요? 피드백을 잘 받으면 성장과 관계에 큰 도움이 된다고 했습니다. 어떻게 하면 나의 성장에 도움이 되고 관계에 도움이 될까요? 답은 간단합니다. 그의 자격을 논하기보다, 내가 앞으로 늦으면 안되겠다고 생각하고 시간을 잘 지키면 되는 것입니다. 대화 경로가 나에서 상대로 가지 않게 합니다. 또한 '이런 이야기 하기 쉽지 않았을 텐데, 말씀해 주셔서 감사하다'고 하고 앞으로는 늦지 않으면 됩니다. 중요한 것은 상대를 평가하는 것보다 내가 시간을 잘 준수하는 사람이 되는 것입니다. 그리고 나와 일하는 사람과 좋은 관계를 맺는 것입니다. 나의 성장에 초점을 맞추고, 상대에게 감사하는 것이 나의 성장을 위해서나 상대와의 관계를 위해서나 최선입니다.

부정적인 자동적 생각을 변화의 신호 sign 로 받아들이면 개선할 수 있습니다. 자동적 생각이 일어날 때 알아차리고 이것을 신호로 STC 잠깐 멈춰서 생각해보고, 행동을 선택 할 때 내가 원하는 결과를 얻을 확률이 높아집니다.

① **신호** sign 부정적인 자동생각
  자기는 잘하는가 자격, 이런 말을 왜 할까? 의도, 자기가 뭔데 역할
② **멈추기** Stop
  자동적 생각을 알아차리고 멈추기
③ **생각하기** Think
  내가 원하는 결과는 무엇인지 생각하기 나의 성장과 상대와의 좋은 관계
④ **행동선택** Choose
  인정과 감사의 표현

자동적 생각에서 멈춤의 과정이 없으면 자동적 행동으로 이어집니다. 그래서 STC 과정에서 가장 중요한 것은 신호를 인식하고 멈추는 것입니다. 이것을 잘하기 위해서는 나에게 주로 일어나는 자동적 생각이 무엇인지 생각해 보는 것이 필요합니다. 특별히 특정인이 주는 피드백이 받기 힘들다면 그 사람과의 대화에서 나의 자동적 생각은 어떤 것인지 미리 생각해 보고 정리해 놓으면, 다음 번에 그 사람과 이야기할 때 그 자동적 생각을 알아차릴 수 있는 가능성이 높아집니다.

② 메시지에 대한 부정적인 자동적 생각

 피드백을 받을 때 전달되는 내용이 메시지입니다. 이 메시지에 대한 부정적인 자동적 생각이 떠오르면, 피드백을 잘 받기 힘듭니다. 피드백을 들으며 틀린 사실이 있거나, 합리적이지 않거나, 적절한 때나 상황이 아니라는 생각이 들거나, 여러 이야기가 섞여 있을 때, 자동적인 반응은 메시지를 부정하는 형태로 진행됩니다. 결국 메시지를 통해 피드백을 전달하는 사람의 의도나 맥락을 이해하지 못하고, 지엽적인 부분에 집중해서 피드백 자체를 부정하게 됩니다.

'그거 틀린 이야기인데 사실'	→ 틀린 사실에 집중
'논리가 안 맞는데 합리성'	→ 논리적이지 않다는 지적
'그걸 꼭 이때 이야기 해야 하나 시점'	→ 시점에 대한 비난
'이렇게 사람들 많은 데서 상황'	→ 상황에 대한 비난
'무슨 말을 하는 건지 모르겠네 선명성'	→ 자기 방식대로 해석

 우리는 같은 것을 보고 경험하더라도 다른 생각을 하고 다르게 느낄 수 있습니다. 그런데 우리는 자신이 경험하고 인식한 것이 사실이라고 생각해 버리는 경향이 있습니다. 그러나 각자가 생각하는 것은 각자의 생각일 뿐입니다. 우리는 경험적 한계를 지니고 있습니다.

 다른 사람이 나의 행동을 인식할 때, 겉으로 드러난 나의 행동만을 다른 사람들이 볼 수 있습니다. 그 행동을 하는 나의 생각이나 의도를 알지는 못합니다. 여기서 나와 다른 사람이 나의 행동에 관한 사각지대가 발생합니다.

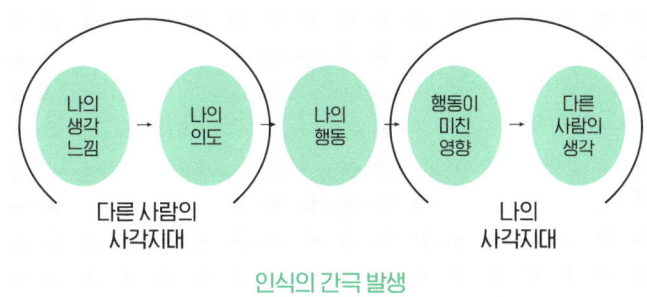

인식의 간극 발생

 예를 들면, 회의 시간 중에 다른 사람이 말할 때, 핸드폰을 만지작거리는 사람을 보면 어떤 생각이 드시나요? 겉으로 드러난 행동만을 볼 수 있는 우리는 그 사람에게 회의에 집중하라는 이야기를 할지도 모르겠습니다. 그런데 그 사람은 회의 시간에 나온 이야기 중에 꼭 확인 할 것이 떠올라 그것을 검색하고 확인하는 작업 중에 있었습니다. 그 확인 결과에 따라 논의 방향이 달라질 수 있다고 생각해서 회의 중에 책임감을 가지고 핸드폰을 만지고 있었던 것입니다. '회의 시간에 핸드폰이나 하는 사람'으로 매도해 버리는 우를 범하게 되면 그 사람과의 관계는 어려워지고, 또한 그 사람이 확인해서 막을 수 있었던 손실을 피할 수 없게 될 것입니다. 경험적 한계와 사각지대 등으로 다른 사람과 인식의 차이가 발생할 수밖에 없습니다. 그래서 내가 이해할 수 없는 메시지가 전달될 때는 다른 사람의 관점을 알아볼 기회라고 받아들이면 좋습니다.

　메시지에 대한 여러 부정적인 생각이 들 때, 개별적 사실 여부 확인과 논리의 부합성을 따지고, 상황과 시점이 적절치 않다고 메시지를 부정하면 이 역시 성장의 기회를 잃고 관계의 어려움만 남게 됩니다. 이러한 자동적 생각이 들면, 우리는 가장 먼저 잠시 멈추고, 피드백을 주는 사람의 의도와 전체적인 맥락은 무엇인가라는 질문으로 전환해야 합니다. 디테일과 논리를 따지기 전에 그가 말하려는 의도와 목적, 맥락을 이해해야 합니다. 크게 두 가지를 확인해야 하는데 하나는 무엇을 보았는지, 근거가 무엇인지에 대한 이해과거와 다른 하나는 원하는 것/기대하는 것은 무엇인지미래를 이해해야 합니다. 이것을 이해하면 개별적 단어나 사실 여부를 떠나서 그의 맥락을 이해할 수 있습니다. 이것이 메시지의 진짜 의미를 파악하는 것입니다. 그리고 나서 필요하다면 사실 여부나 논리성 등을 다루면 됩니다. 전달하는 상황이나 시점의 부적절성은 나중에 필요시 적당한 때에 상대에게 이야기해 주면 좋습니다.

> ① **신호** sign 부정적인 자동생각
> '그거 틀린 이야기인데' 사실, '논리가 안 맞는데' 합리성,
> '그걸 꼭 이때 이야기해야 하나' 시점,
> '이렇게 사람들 많은 데서' 상황, '무슨 말을 하는 건지 모르겠네' 명료성
>
> ② **멈추기** Stop
> 자동적 생각을 알아차리고 멈추기

③ **생각하기** Think
　내가 원하는 결과는 무엇인지 생각하기 l 나의 성장과 좋은 관계

④ **행동선택** Choose
　의도와 목적, 맥락에 대한 이해

③ 수신자 나에 대한 부정적인 자동적 생각

　초등학교 시절 100점을 맞아도 칭찬받기보다는 반에서 100점 맞은 아이가 몇 명인지 질문을 받고, 100점 맞았다고 자만하지 말라는 경고를 받았습니다. 틀린 문제가 있으면 빨간 펜으로 줄을 긋고 맞은 것에 대한 칭찬보다는 틀린 것에 대한 질책을 더 받지 않았나 싶습니다. 잘한 것은 당연하게 여기고 못한 것은 지적받는 것이 일상인 학창 시절을 지나, 회사에서도 잘한 것에 대한 피드백은 거의 없고 못한 것은 바로바로 지적을 받습니다. 잘한 것에 대한 인정 없이 못한 것에 대한 피드백만 쌓이면 당연히 '나는 잘 못하는가 보다'라는 생각이 들 수밖에 없고, 자존감이 떨어질 수밖에 없습니다.

　그러나 실제는 어떻습니까? 어떤 일을 열심히 해 나가고 반복해 나가면, 그 과정에 실수가 당연히 있지만, 지식과 경험은 올라갑니다. 우리 사회, 환경, 주변 사람들이 잘한 것에 대한 인정이 없었을 뿐이지 현실에서는 성장하는 과정에 있습니다. 직장 1년 차보다 3년 차, 5년 차가 당연히 업무 관련 지식과 경험이 많습니다. 그러나

여전히 그때에도 잘했다는 피드백보다는 못했다는 피드백만 받으면, 여전히 나는 모자라다, 부족하다, 적성에 맞지 않는다고 생각하며 낮은 자존감으로 살아갑니다.

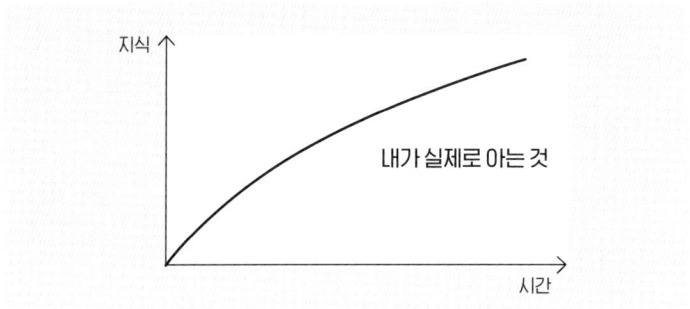

모든 사람은 실수할 수 있습니다. 완벽한 사람은 없습니다. 그런데 내가 잘못하면 나는 쓸모없는 사람처럼 여깁니다. 이것은 All or Nothing적 사고, 즉 흑백논리적 사고입니다. 0 아니면 1이라는 식의 사고방식은 실수에 대한 확대해석을 불러옵니다. 이번에 한 실수를 지난번 실수와 결부시키고, 그 전의 잘못을 하나씩 소환하면서 나는 자격이 없고 쓸모없는 존재라는 생각을 굳혀갑니다. 이런 현상을 『일의 99%는 피드백이다』라는 책에서는 '구글편향'으로 설명합니다. 구글에서 테러라는 단어를 치면 십억 건 이상의 검색 결과가 나옵니다. 그 결과를 계속해서 읽다 보면 온 세상은 테러로 가득 차 있는 것처럼 보이게 됩니다. 그러나 실상 테러는 우리 일상에서는 거의 경험할 수 있는 일이 아닙니다.

우리는 실수할 수 있지만 그렇다고 늘 실수하는 것은 아닙니다. 우리가 잘못할 때도 있지만 언제나 잘못을 하는 것은 아닙니다. 기본적으로 지금의 자리에 있는 것은 그 역할을 잘 감당해 왔기 때문입니다. 똑같은 상황이라도 만약 다른 리더와 동료가 잘한 것에 대한 피드백을 많이 했었더라면, 나의 실력은 동일하더라도 잘하고 있다는 인식을 가졌을 것입니다. 성숙한 사회에 있거나 성숙한 사람들이 주변에 있었다면, 아마도 우리는 긍정적 피드백을 더 많이 받고 자존감도 높았을 것입니다. 그러나 현실은 그렇지 않고, 그렇다고 지금 당장 주변 사람들의 피드백 방식을 바꿀 수도 없습니다.

우리는 피드백을 받는 '나'에 대한 기본 전제를 다시 설정해야 합니다. 우리는 완벽한 존재가 아니라는 것을 인정해야 합니다. 실수나 잘못을 누구나 할 수 있고, 때로는 어떤 일의 문제의 원인이나 혹은 원인의 일부가 나에게 있을 수 있습니다. 그렇다 할지라도 기본적으로 우리는 괜찮은 사람들입니다. 흑백으로 규정하는 것이 오히려 비논리적입니다. 0과 1사이에는 무수한 숫자들이 있습니다. 우리는 0과 1 사이 어딘가에 있다고 보는 것이 합리적입니다. 흑백사고를 피해야 합니다.

피드백을 통해 우리는 성장합니다. 피드백은 그 과정에 있어 가장 중요한 부분입니다. 피드백을 받을 때, 좌절하거나 부정하는 방식이 아니라 어떻게 하면 나에게 도움이 되는가를 생각해 봐야 합니다. 피드백을 받아 낙담이 될 때, 우리는 기본적으로 괜찮은 사람이라는 생각으로 돌아와서 어떻게 하면 이 메시지를 통해 성장할 수 있을까로 전환해야 합니다.

① **신호** sign 부정적인 자동생각
'내가 그렇지 뭐', '난 쓸모 없어', '난 잘 하는 게 하나도 없네'

② **멈추기** Stop
자동적 생각을 알아차리고 멈추기

③ **생각하기** Think
아래를 떠올리고 성장형 사고로 생각하기
- 나는 기본적으로 완벽하지는 않지만 괜찮은 사람이다
- 이것을 계기로 성장할 수 있다

④ **행동선택** Choose
피드백 내용을 객관화 하기

피드백을 잘 받는 방법

피드백을 잘 받기 위해서는, 피드백에 집중하지 못하게 하는 자동적 생각을 신호 sign 로 전환하고, 잠시 멈춰서 Stop, 올바른 방향의 질문으로 생각하고 Think, 행동을 선택 Choose 해야 합니다. 다음은 피드백을 받기 어려운 신호와 이것을 나에게 도움이 되는 방향으로 전환하는 질문입니다. 내가 피드백에 잘 집중하지 못하는 상황은 어떤 것인지 생각해 보고 전환에 도움이 되는 질문을 선택해 봅시다.

	피드백에 집중하기 어려운 신호	나에게 도움이 되는 방향
전달자	• 자격 미달이라고 여겨지는 전달자? • 잘못된 방식으로 전달하는가?	• 그가 말한 내용 중 사실팩트은 무엇인가? • 그가 보는 나의 사각지대는 무엇인가?
메시지	동의/이해할 수 없는 메시지	• 내가 해야 했던 질문은 무엇이었나? • 내가 이해/동의하지 못하는 부분은 무엇이었나? • 근거는 무엇인가? • 원하는 것은 무엇인가?
수신자	내가 좌절하거나 무력해질 때	객관화하기, 성장형 사고 • 낙담했던 이유는 무엇인가? • 혹시 내가 확대해석했던 것이 있었는가? • 기본적으로 우리는 괜찮은 사람들이다 • 사실과 의견을 구분하기 • 메시지의 정도와 수준을 객관적으로 생각해 보기 • 성장형 사고로 생각해 보기

두번째 피드백 피드백에 대한 피드백

피드백을 잘 받기 위한 연습으로 피드백에 관한 피드백을 할 수 있습니다. 첫 번째 피드백은 전달자에 의한 피드백입니다. 전달자가 나에게 피드백을 주는 것입니다. 두 번째 피드백은 첫 번째 피드백에 대처한 나의 행동에 관한 피드백입니다. 내가 피드백을 받을 때 잘한 것은 무엇이며 개선할 점이 무엇인지를 생각해 보고, 향후 더 나은 내가 되기 위해 변화가 필요한 부분이 무엇인지 생각해 보는 것입니다.

피드백 주기

많은 사람들이 피드백을 잘 주고 싶다고 합니다. 자신이 피드백을 하면 상대가 딱 알아듣고 자기 말대로 했으면 좋겠다고 생각합니다. '그런' 피드백을 어떻게 하면 잘할 수 있는지 묻습니다.

피드백을 준다는 것은 나의 관점과 기대를 상대의 이해를 돕는 과정으로 이야기할 수 있습니다. 상대가 나의 관점과 기대를 이해하고 나면 자연스럽게 '어떻게 할 것인가' 하는 다음 과정으로 넘어갈 수 있습니다. 반대로 상대방이 나의 관점과 기대를 이해하지 못하면, 앞으로 해야 하는 것에 대한 동의가 쉽게 이루어지지 않습니다. 피드백을 받는 것은 '상대를 이해하는 과정'으로, 피드백을 주는 것은 '상대가 나의 관점과 의도에 관한 이해를 할 수 있게 돕는 과정'으로 전환해야 합니다. 피드백을 주려고 할 때 가장 중요한 것은 내 생각의 관철이 아닌 상대방에 대한 존중을 기반으로 이해를 돕는 것입니다.

보통 피드백을 구분할 때, 긍정적 피드백강화과 부정적 피드백교정으로 구분합니다. 여기서 부정적 피드백이라는 말 자체가 부정적인 이미지를 떠오르게 합니다. 질책이나 비난, 잘못에 대한 책임 추궁 등의 느낌이 깔려 있습니다. 부정적 피드백은 건설적 피드백이나 개선적 피드백으로 용어를 바꾸어야 합니다. 이런 피드백을 주는 이유가 성장과 발전, 개선을 위한 과정이기 때문입니다. 피드백을 질책이 아닌 성장을 위한 대화시간으로 생각하면 좋습니다. 피드백에는 3요소 전달자, 메시지, 수신자 가 있습니다. 이를 기반으로 어떻게 피드백을 주어야 하는지 알아보겠습니다.

① 전달자 측면

가장 먼저 생각할 것: 내가 피드백을 줘야 하는 역할인지 확인하기

이것을 확인해 보는 방법은 '이 피드백을 하지 않으면 어떤 일이 발생하는가'를 생각해 보는 것입니다. 만약 제때 피드백을 하지 않아서 프로젝트나 업무의 문제가 발생하거나 팀원이 어려움을 겪는 일 등이 예상되고, 그것이 나의 책임과 연관이 있다면 나는 피드백을 해야 하는 역할입니다. 피드백하지 않는다면 역할에 충실하지 못한 것이고, 심지어는 업무 태만이나 책임감 결여라고 볼 수 있습니다. 피드백을 줄 때 망설여지는 것은 상대보다 내가 못한다고 생각할 때입니다. 이런 상황이라면 피드백이 망설여질 수 있습니다. 그러나 감독이 선수보다 운동을 못한다고 해서 피드백을 안 하지

않습니다. 피드백을 줘야 하는 역할이라면 자신이 잘하는지에 대한 자기검열을 넘어 피드백하는 것이 자신이 맡은 역할을 잘 수행하는 것입니다.

만약 내가 피드백을 할 역할이 아닌데 꼭 피드백을 할 일이 있다면, 상황과 이유를 설명하고 이야기를 해도 될지 양해를 구해야 합니다. 상대에게 피드백을 해도 되는지 묻고 원하지 않는다면 굳이 나설 필요가 없습니다. 만약 심각한 문제라면 상대에게 묻고 그것을 받아들이지 않는다면 공식적인 절차를 거쳐서 진행해야 합니다.

피드백을 주는 의도와 목적

피드백을 주어야 하는 역할이 맞다면, 다음으로는 피드백 의도와 목적을 정돈해야 합니다. 피드백을 잘 못하는 사람들은 지적질이나 망신 주기 등 비난의 형태로 피드백을 합니다. 그러면서 '나니까 이런 이야기 해주는 거야'라며 정당화하고 자기 말대로 하라는 강요를 합니다. 목적을 정돈하지 않은 채, 자기가 맞다고 생각하는 것을 강요합니다. 그러나 비난이나 비아냥은 피드백의 목적을 달성하는 데 도움이 되지 않습니다. 개선이 필요하면 개선을 목적으로 하는 피드백을 하면 됩니다. 그래서 피드백을 주는 목적이 지시인지, 의견 제안인지부터 생각해야 합니다.

이것을 구분하는 방법은 해당 사안의 의사결정권이 누구에게 있는지를 판단하는 것입니다. 의사결정권이 리더에게 있고, 리더가 원하는 방향으로 하려면 지시 피드백을 해야 합니다. 만약 자신이 피드백을 주는 리더이지만, 해당 사안의 결정권을 상대에게 위임했다면 지시적 피드백이 아니라 의견 제안 피드백을 해야 합니다. 의견 제안인 것처럼 피드백한 뒤 나중에 자신의 말대로 안 했다고 화를 내거나, 지시 피드백을 해 놓고 막상 그렇게 실행해서 문제가 되었을 때 본인은 그렇게 하라고 한 게 아니라 의견을 준 것뿐이라고 변명하면 안됩니다.

② 메시지 측면

메시지의 구성

피드백 전달자로서 역할이 맞고, 목적과 의도를 설정했다면 이제는 메시지를 구성해야 합니다. 메시지가 부정확한 정보, 비합리적인 판단, 여러 내용의 혼재, 우회적인 표현 등으로 이루어져 있을 때 수신자는 피드백을 잘 받아들이기 어렵습니다. 메시지를 구성할 때는 객관적 정보를 바탕으로 합리적인 의견을 제시해야 합니다.

다양한 피드백 모델

피드백은 많이 연구된 분야입니다. 유용하게 사용할 수 있는 대표적인 피드백 모델은 다음과 같습니다.

다양한 피드백 모델

모델	구성 요소	
4 Way Feedback	① Micro Yes 작은 긍정 ② Data Point 구체적 사실	③ Show Impact 결과 설명 ④ End on a Question 질문하기
SBI+N	① Situation 상황설명 ② Behavior 행동설명	③ Impact 결과설명 ④ Next 논의
STAR-AR	① Situation 상황 설명 ② Task 주어진 과제/일 ③ Action 실제 행동 ④ Result 그로 인한 결과 ⑤ Alternative Action/Result 대안, 예상 결과 논의	
AAR After Action Review	① What was supposed to happen 무엇을 의도했는가 ② What happened 실제로 일어난 일은 ③ Why was there a difference 차이가 생긴 이유는 ④ What can we learn from this 배운 것, 적용할 것은	

4 Way feedback: Life-Labs
SBI + N: CCL, Center for Creative Leadership
STAR-AR: DDI, Development Dimensions International
AAR: US Army

4 Way Feedback

4 Way Feedback은 Life-Labs에서 탁월한 피드백을 하는 직장인들을 인터뷰하고 관찰하면서 만든 모델입니다. 먼저 '잠깐 이야기해도 될까요?' 같은 작은 긍정을 끌어낸 뒤, 감정이나 느낌이 아닌 구체적 사실과 그로 인한 결과를 설명하고, 이것에 대한 상대의 의견을 묻거나 필요한 요청을 질문 형태로 하는 방법입니다.

Micro Yes	영철님, 지금 잠깐 이야기 할 수 있을까요?
Data Point	오늘 10시까지 보고서를 이메일로 보내준다고 했는데, 아직 받지 못했어요.
Show Impact	그 메일을 토대로 오후에 상무님께 보고해야하는데, 준비가 안되어 마음이 조급하네요.
End on a Question	어려움이 있을거라 예상 될때: 혹시, 무슨 일이 있나요? 시간 조절이 가능할 때: 언제까지 가능하세요? 나의 보고 준비가 촉박할 때: 30분 안에 가능할까요?

SBI

SBI 모델은 세계적인 리더십 교육기관인 CCL에서 만든 피드백 방법론입니다. 여기에 Next라는 단계를 추가하여 SBI+N 모델을 변형했습니다. 피드백을 줄 때 상황이나 맥락에 대한 설명과 상대의 행동과 그로 인한 영향을 이야기하고, 다음 스텝을 어떻게 할지에 관한 논의로 이어지는 피드백 메시지 구성 방법입니다.

SBI + N

Situation	영희님, 잠깐 오늘 회의 중 있었던 일을 이야기 좀 드려도 될까요? 오늘 아침에 새로운 방향성에 대한 회의를 진행했는데,
Behavior	재희님이 아이디어를 말할 때, 영희님이 "그건 생각해 볼 가치도 없다"고 말을 했어요.
Impact	그 발언 이후로 재희님은 불편해하고 다른 주니어 팀원들은 아이디어를 내지 않았어요.
Next	이 부분에 대해서는 어떻게 생각하시나요? 어떻게 하면 좋을까요?

STAR-AR

STAR-AR모델은 DDI에서 만든 업무 계획과 피드백 방법론입니다. STAR의 순서로 업무를 계획하고, 실제 실행 후에는 STAR-AR로 피드백을 합니다.

Situation	철수님, 우리 회사의 세일즈에서 관심고객이 구매전환율이 3%정도 되는데,
Task	그래서 이번 분기까지 관심고객을 1,000명까지 늘려보는게 중요한 성과 목표로 잡았잖아요.
Action	혹시 어떻게 진행하고 계신가요? : 네, 매수 200명 정도의 잠재고객에게 이메일을 보내고 원하는 사람에게 온라인 브로슈어를 보내주는 과정 중에 있어요.
Result	어떤 결과가 있나요? : 200명 정도 보내면 대략 10명 내외가 브로슈어를 요청합니다. 대략 5%정도 되는데, 이 속도로는 분기 1,000명 관심고객 달성은 어려울 것 같아요.
Alternative Action/Result	어떻게 하면 좋을지 같이 이야기 해보면 좋겠네요. : 네, 저도 생각보다 잘 되지 않아서 좀 고민하던 참입니다. 그러면 우선... 이후 ...

AAR

AAR은 미국의 육군이 개발한 현장 중심 피드백 방법론입니다. 팀이 모여 작전이나 전술을 논의하고 실행한 뒤에 바로 그 자리에서 피드백하는 것입니다. 가설 검증을 빠르게 하는 피드백으로 즉시 대화할 수 있도록 구성되어 있습니다. 현재는 즉석에서 하는 라이브 피드백이 확장되어 업무 현장에서도 사용되고 있는 방법입니다.

What was supposed to happen	A: 동수님, 이번 클라이언트 미팅에서 의도한 것은 무엇인가요? B: 우리 제품의 특장점을 이해드리려 했습니다. A: 그래서 준비했던 것은 어떤 것인가요? B: 주요 스펙들과 다른 회사 제품들과의 비교 분석 자료였습니다.
What happened	A; 그래서 고객에게 어떻게 했나요? B: 고객과 미팅 중에 해당 페이지를 아이패드로 보여드리며 설명 드렸습니다. A: 고객의 반응은 어떠셨어요? B: 고객께서는 듣기는 하셨는데, 느낌이 특별히 관심이 있다는 생각은 들지 않았습니다.
Why was there a difference	A: 생각대로 진행되지 않은 것 같네요. 그렇게 된 이유는 무엇인 것 같으세요? B: 아마도 고객은 특장점 보다는 우리 제품을 도입했을 때, 백업 시스템에 더 관심이 있었던 것 같습니다.

What can we learn from this	A: 이번 클라이언트 미팅을 통해 어떤 것을 다시 확인했나요?
	   새롭게 알게 된 것은 무엇이 있나요?
	B: 미팅 전에 클라이언트의 니즈를 좀 더 확인할 필요가 있었는데, 제가 선입견으로 고객을 판단한 것 같습니다.
	   고객에게 먼저 묻는 게 중요하다는 것을 다시 확인했습니다.
	A: 다음 번 클라이언트 미팅을 준비할 때 적용할 것은 무엇인가요?
	B: 우선, 미팅 전에 고객의 니즈를 좀 더 파악하는 게 필요 할 것 같습니다. 그 방법은 좀 더 고민해 보겠습니다.

이 모델들은 공통적으로 관찰과 그로 인한 영향을 바탕으로 하여, 어떻게 하면 좋을지에 대한 프로세스로 구성되어 있습니다. 어떤 모델을 쓰든지 결국은 향후 행동 변화에 대한 논의가 있어야 합니다. 그 논의의 내용은 원인 분석, 조치 계획, 목표 수정, 다른 방법 찾기, 방향 수정 등이고, 이를 통해 가능하면 피드백을 주는 사람과 받는 사람이 합의해야 합니다. 이 과정에서 쓸데없는 메시지가 끼어들거나 딴 길로 새면 안 됩니다. 이번 피드백에 다른 실수까지 묶어서 이야기한다거나 다른 사람을 들먹거릴 필요가 없습니다. 그저 해당 사안에만 국한해서 피드백을 준비해야 합니다.

메시지 전달 환경

메시지를 생각할 때 피드백을 주는 환경을 고려할 필요도 있습니다. 다른 사람들 앞에서 하는 것도 어떤 메시지를 담고 있는 것입니다. 피드백을 주는 시간과 장소도 일종의 메시지입니다. 중요한 메시지라면 시간적 여유와 편안한 환경에서 이야기를 나눌 수 있어야 합니다. 만약 어떤 피드백이 아주 짧은 시간 안에서 쫓기듯 전해지면 그 메시지가 중요하다는 생각이 들지 않을 수도 있습니다. 또한 다른 사람들이 함께 있는 자리는 솔직한 이야기들을 나누기 부담이 됩니다. 그래서 중요한 피드백이면 그에 맞는 적절한 시간과 장소에 대한 고려가 있어야 합니다.

③ 수신자 측면

피드백을 하면 안될 때, 수신자를 살피기

피드백을 줄 때, 사실 가장 중요한 것은 피드백을 받는 사람수신자에 대한 고려입니다. 피드백을 줘야 하는 역할이고, 의도도 잘 정하고, 메시지도 잘 구성해도, 피드백 받을 사람이 받을 준비가 되어 있지 않거나, 적절한 상황이 아니라면 피드백은 작동하지 않을 것입니다. 반대로 메시지도 엉성하고 의도도 선명치 않지만, 피드백을 받는 사람이 성장형 사고와 주도성을 지니고, 또 자존감도 높으면 그 혼란스러운 메시지 속에서도 자신에게 적용할 것을 찾아내고 변화하려고 할 것입니다. 피드백 작동의 절반은 피드백을 주는 사람에게 있고, 또 다른 절반은 피드백을 받는 사람에게 달려있습니다. 그렇다고 그냥 눈치를 보라는 이야기가 아니라, 피드백 받을 상대에게 적절한 상황과 상태를 보고, 피드백을 언제 줄 것인지 생각해 봐야 한다는 것입니다. 그래서 심지어는 어떤 피드백은 하지 않는 게 당장에는 마음이 불편할 수 있지만, 오히려 나중을 위해서는 좋을 수도 있습니다.

피드백을 줄 때 Tip: 긍정 피드백과 건설적 피드백의 균형

우리나라 사람 중 적지 않은 분들이 긍정 피드백에 인색합니다. 왜 그런지를 물어보면, '당연히 그 정도는 해야 하는 거 아닌가요?',

'그걸 꼭 말로 해야 아나요?', '낯 간지러워서요' 등등을 이야기합니다. 긍정피드백은 없고 부정 피드백만 쌓인다면 어떻게 될까요? 피드백 수신자는 의욕과 자신감이 떨어지게 될 것입니다. 그러면서 방어적인 태도로 변하게 되기도 합니다. 이런 상황을 피하는 것을 넘어 건설적 피드백을 잘 주기 위해서도 긍정적인 피드백을 해주어야 합니다. 매번 부정적 피드백을 받는 사람보다, 긍정적인 피드백을 받으면서 건설적인 피드백도 받는 사람이 피드백 수용도가 높습니다. 예를 들면, '이런 부분은 잘 되고 있는데, 요런 부분은 개선이 필요할 것 같아'가 단순한 부정 피드백보다 더 잘 작동합니다. 그리고 긍정 피드백을 할 때도 피드백 모델을 활용하면 좋습니다.

피드백에 동의하지 않을 때

피드백을 주면서 어려운 때가 내가 준 피드백에 동의하지 않을 때일 것입니다. '저는 그렇게 생각하지 않아요'라는 답변을 들으면 마음이 덜컥합니다. 화가 나서 상대에 대한 공격으로 이어지거나, 서둘러 자리를 피하기도 합니다. 이럴 때는 무엇에 동의하지 않는지 확인이 필요합니다. 이럴 때도 피드백 모델을 활용하면 좋습니다. SBI 모델을 예로 들면, 상황 Situation 에 동의하지 않는지, 행동 Behavior 에 동의하지 않는지, 영향/결과 Impact 에 동의하지 않는지 먼저 확인합니다.

상황 인식이 다를 수도 있고, 행동에 대한 이유나 해석, 그리고 결과에 관한 판단이 서로 다를 수 있습니다. 어느 부분이 무엇이 다른지, 어떻게 이해하고 있는지를 확인해야 합니다. 그리고 그 부분에 대한 서로의 생각을 이해하는 과정을 진행합니다. 그러면 처음에 다르다고 생각한 지점을 하나로 맞출 수도 있고, 또 반대로 명확하게 무엇을 서로 동의하지 않는지 이해할 수도 있습니다. 생각을 맞추고 나면 자연스럽게 다음에 무엇을 할지 논의하게 됩니다.

만약 동의하지 않는 지점이 명확해지면, 해당 사안에 대한 의사결정권이 누구에게 있는지 보아야 합니다. 나에게 해당 결정권이 있다면, 나는 '당신과 내가 이 부분이 이해가 다르다. 당신이 어떤 의미로 이야기하는지 알겠다. 내가 이렇게 이해한 것이 맞나? 그렇다면 이 사안에 대해서 내게 결정권이 있고 잘 생각해 볼테니 결정을 내리면 잘 따라 주면 좋겠다'라고 이야기할 수 있습니다. 그러나 그 의사결정 권한이 상대에게 있다면 '당신과 내가 이 부분에 대한 견해가 다르다. 내 입장에서는 이렇게 하는 게 좋다고 생각한다. 그런데 이 사안은 당신에게 결정권이 있으니, 당신이 결정하면 나는 그 결정에 따르겠다'라고 해야 합니다. 이렇게 이야기하고 행동하는 것이 팀십의 표현이고, 팀워크를 높이는 행동입니다.

다른 사람들과 팀으로 일하면, 동의 되지 않는 지점들이 있습니다. 그럴 때는 앞서 이야기한 것처럼 해당 사안의 의사결정권이 누구에게 있는지 살펴보고, 결정이 되기까지 서로 의견을 주고받고, 이해의 과정을 거치고, 무엇이 다른 지 확인하고, 그리고 최종적으로 결정권자가 결정하면 따르는 것이 좋은 팀워크 과정입니다. 피드백은 상대를 설득하고 굴복시키는 것이 아님을 기억해야 합니다. 서로 동의하지 않는 부분이 어느 지점인지 명확하게 인식하고, '당신 입장에서는 그렇게 생각하고 이런 요청/제안을 하는 것이군요'라는 답을 얻는 것입니다. 이 과정에서 서로 존중한다고 느껴야 합니다.

어려운 피드백 준비

모든 피드백이 그렇지는 않지만, 가끔은 심각하게 스트레스가 되는 피드백도 있습니다. 이런 피드백을 해야 한다면 아래 질문들을 생각해 보면서 피드백을 준비해 보기를 추천합니다.

① 이 피드백을 해야 하는 역할입니까? 그 이유는 무엇입니까?
　이 피드백을 하지 않으면 어떤 일이 예상됩니까?
② 이 피드백을 하려는 의도는 무엇입니까?
③ 이 피드백 대화가 끝났을 때 기대하는 성공적인 결과는 무엇입니까?
④ 이 일의 상황 Situation은 어땠습니까?
⑤ 객관적 사실과 행동 Data part, Behavior은 무엇입니까?
⑥ 그 행동이 결과에 어떤 영향 Impact을 미쳤습니까?

⑦ 이 일의 개선을 위해 어떤 계획Next이 필요할까요?

⑧ 그것들을 뒷받침할 만한 데이터/근거가 있다면 무엇입니까?

⑨ 만약 위의 상황/객관적 사실/결과와 영향 중 상대방이 다른 생각을 가질 수 있는 부분은 무엇입니까?

⑩ 피드백을 받는 상대는 현재 어떤 상황입니까?
그 사람은 이 대화를 할 때 어떤 반응이나 행동을 보일 거로 생각합니까?
이 반응에 대해 당신은 어떤 준비가 필요합니까?

⑪ 언제, 어디서, 어느 정도의 시간 동안 대화를 할 예정입니까?
어떤 단어로 이 대화를 시작하면 좋을까요?

저 개인적으로는 피드백을 하고 나서 찝찝한 느낌이 들 때, 곰곰이 생각해 보는 것이 있습니다. 내가 피드백을 줄 역할이 맞나? 내가 준 메시지가 적절했는가? 그리고 상대는 받을 만한 상황이었나? 앞서 말씀드린 피드백의 3요소로 반추해 봅니다. 추가로 '내가 몇 년 동안 이렇게 일관적으로 피드백한다면 상대는 내가 도움을 주는 사람이라 여길 수 있을까?'를 생각해 봅니다. 피드백은 한두 번 하고 끝나는 것이 아니라 지속적으로 이루어집니다. 만약 이런 방식의 피드백이 계속된다면, 상대는 나를 자신을 돕는 사람으로 인식할까에 대한 답이 '그렇다'라면, 지금 당장은 서로가 편치 않지만 그래도 맞는 길로 가고 있다고 생각하고 찝찝한 마음을 내려놓습니다.

PART 2 좋은 팀을 만드는 기술

4장
팀워크 기술 #2 갈등대응

갈등은 칡이라는 뜻의 갈葛자와 등나무 등藤자, 이 두 글자가 합쳐진 단어입니다. 칡은 왼쪽으로 등나무는 오른쪽으로 감아 올라가는 성질이 있다고 하는데, 이 둘이 서로 다투며 올라가다가 결국은 둘 중 하나는 죽게 된다고 합니다. 또 영어로 갈등은 conflict이라는 단어인데, con은 '같이/함께' + flict는 '매질하다'는 뜻이 합쳐진 단어로 서로 때리는 상황이라는 의미라고 합니다. 한자도 영어도 우리가 느끼는 갈등에 대한 이미지를 잘 표현한다는 생각이 듭니다.

이전에 겪었던 갈등상황을 한번 떠올려 보면, 생각만 해도 심장이 두근거리고, 얼굴을 붉어지고, 호흡이 가빠집니다. 우리는 갈등상황에 놓이면 스트레스가 올라가고 감정 소모가 심하고, 상대에 대한 미움과 불신이 커지게 됩니다. 그래서 많은 사람들이 가능하면 갈등을 피하거나 갈등 상황 자체를 만들려고 하지 않습니다. 그러나 이렇게 되면 겉으로는 평화롭지만, 누군가의 마음은 곪아가고 일은 잘 진행이 되지 않거나 성장이 없고 중요한 결정이나 합의, 계약이 일어나지 않게 됩니다. 그렇다면 우리는 갈등을 어떻게 다루어야 할까요? 본격적으로 갈등을 다루기 전에 먼저 갈등엔 어떤 특징이 있는지 갈등의 속성부터 살펴보도록 하겠습니다.

갈등의 속성

갈등 요소

먼저 갈등은 왜 일어날까요? 갈등의 원인은 다름에서 시작됩니다. 성향 차이, 해석 차이, 이해관계의 차이, 경험의 차이, 행동 방식의 차이, 전달 방식의 차이, 인식의 차이가 있습니다. 같은 상황에서 같은 사안을 보더라도 성향, 해석, 이해관계, 경험, 인식 등이 다르면 목표에 관한 생각이나 행동 방식 등이 다를 수밖에 없습니다. 또한 좀 더 확장하면 팀이나 조직 간에도 추구하는 방식과 업무 문화, 얻고자 하는 것 등이 다릅니다. 갈등은 다름에서 시작되는데 이 다름을 나와 같게 만들려고 하는 것은 무의미하고, 가능하지도 않은 일입니다. 오히려 우리는 모두 서로에게 갈등적 요소를 가지고 있다는 것을 전제해야 합니다. 그래서 나와 다른 사람과 함께 무언가를 하려고 한다면 갈등은 피할 수 없다고 생각해야 합니다.

갈등의 순기능과 역기능

갈등은 피할 수 없다고 했습니다. 그러면 갈등을 어떻게 볼 것이냐가 중요합니다. 실제로 갈등은 순기능을 하기도 하고 역기능을 하기도 합니다. 우선 갈등의 역기능은 극한 대립으로 인한 부정적이고 파괴적인 결과를 내거나 혹은 반대로 갈등 부재로 인한 개인적/조직적 침체와 정체를 들 수 있습니다. 우리가 원하는 것은 갈등의 순기능입니다. 서로의 다름을 어떻게 다루냐에 따라 갈등을 통해 성장과 발전, 질 높은 관계를 얻을 수 있습니다.

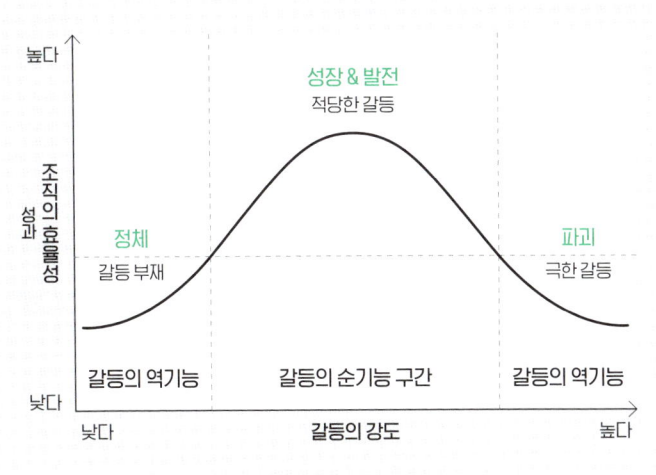

갈등과 성과와의 관계, 박원우, 2006

갈등, 오히려 좋아

갈등을 다룰 때, 가장 먼저 해야 할 것은 갈등 상황에 놓여있다는 것을 알아채는 것입니다. 갈등이라고 생각이 드는 순간 그럴 수 있고 우리는 서로가 다르다는 것을 떠올려야 합니다. 이 다름을 잘 다루면 순기능으로 서로 성장하고, 만족하고, 좋은 관계를 맺는 기회가 됩니다. 그래서 갈등의 순간이 오면 오히려 '좋은 기회일 수 있겠다'라고 생각하면 좋습니다. 나와 다른 사람을 이해하고 그와 함께 좋은 관계와 결과를 얻는 것이 성숙이라면, 이 다름을 다루는 과정이 각 개인과 팀, 조직의 성숙 과정이기도 합니다. 이를 잘 표현하는 어떤 회사의 핵심가치가 있는데, 그 회사의 핵심가치가 '신뢰, 충돌, 헌신'이라고 합니다. 서로 신뢰하는 상황에서 충돌_{갈등}하고 그리고 나온 결론에 헌신할 때, 회사가 성장할 수 있다고 믿는 것입니다.

갈등의 원인과 영향

잠시 이전에 경험한 갈등을 떠올려 보시기 바랍니다. 언제 누구와 일어난 갈등이었습니까? 그 사건을 떠올리고 다음 질문들에 답해 보시기 바랍니다.

이 갈등 나무 분석을 통해 이전의 갈등 상황을 전체적으로 조망해 볼 수 있습니다. 먼저, 열매 부분인 갈등의 결과와 영향이 우

갈등의 열매 결과/영향
- 그 갈등이 일어나고 어떤 결과가 있었습니까?
- 그 때 마음은 어땠습니까? 어떤 감정들이 들었습니까?

갈등의 줄기 문제/사건
- 갈등은 어떤 사건이었습니까?
- 어떤 말과 행동들이 오갔습니까?

갈등의 뿌리 원인/배경
- 갈등이 일어나기 전에 근본적으로 갈등이 되는 요소나 원인은 무엇입니까?
- 갈등의 일어나기 전에 서로를 어떻게 바라보고 인식하고 있었습니까?

Conflict Tree Analysis, Simon Fisher 외

리 삶에 큰 스트레스로 다가오기에 우리는 될 수 있으면 갈등 상황을 피하려고 합니다. 갈등의 결과로 우리는 서로 피하게 되고, 자신이 가진 권한으로 상대의 업무를 배제하거나, 협조하지 않습니다. 더 나아가 다른 사람에게 험담하는 것을 상대가 알게 된다면 스트레스는 더욱 커지게 됩니다. 갈등을 다룰 때 우리는 갈등이 일어난 사건만 볼 경우가 많습니다. 그러나 갈등 사건이 일어나기 전에 갈등을 촉발하게 되는 배경과 원인이 있습니다. 서로 불편한 관계였다든지, 마음에 들지 않았던 부분이나 반대 의견을 가졌다거나 다른 이해관계가 얽혀 있었던 경우가 많습니다. 이러한 배경과 맥락 속에서 어떤 일이나 사건이 발생하면 갈등으로 번지게 되는 것입니

다. 이것이 갈등 나무를 통해 볼 수 있는 갈등 사건 전과 후의 전체적인 모습입니다.

갈등을 겪을 때 힘든 이유는 감정적 문제로 연결되기 때문입니다. 갈등이 감정적으로 흘러가면 곧 그 일은 그 사람의 자존심의 문제로 옮겨가게 되는데, 이렇게 자존심의 문제로 옮겨가면 '지면 안 된다'라는 생각에서 상대를 이겨야겠다는 전투모드가 되고 내가 손해를 보더라도 상대를 곤란하게 만들어야겠다고 작정합니다. 이 상태에까지 이르면 더 이상 논리나 이성적 접근으로 문제가 해결되지 않습니다.

그래서 갈등 상황에서는 논리가 잘 작동하지 않습니다. 100분 토론과 같은 토론 프로그램을 보신 적이 있을 것입니다. 서로 다른 입장을 지닌 양측 패널이 나와서 자신의 주장을 펼칩니다. 합리적이고 이성적인 교수, 정치가, 과학자, 권위자들이 나와 토론을 하지만, '당신 이야기를 들어보니, 당신 의견이 맞는 것 같습니다'라고 끝난 경우를 본 적이 있으십니까? 제 기억에는 없습니다.

서로 다른 주장을 펼치다가 '당신은 비합리적이다', '틀렸다'라는 등의 메시지와 '당신은 자격이 없다'라는 등의 인신공격으로 이어집니다. 그러면 금세 격한 감정적 반응이 일어나고, 서로에 대한 비난이 난무하게 됩니다. 그렇게 토론이 끝나면 서로는 서로에게 말이 안 통하는 이상한 사람으로 매도합니다. 이런 방식의 대화로는 합리적인 결론에 이르기는커녕 오히려 갈등이 더 심화됩니다. 그래서 갈등을 다룰 때 가장 중요한 것은 부정적 감정으로 번지지 않게 하는 것이고, 그러기 위해서는 어떤 마음과 관점으로 상황을 접근할 것인지가 중요합니다. 중요한 것은 다른 것이 문제가 아니고 그 다름을 어떻게 다룰 것인지가 문제입니다. 다름을 틀림으로 인식하게 되면 대화가 어려워집니다. 상대가 틀렸기 때문에 바로 잡고, 고쳐야 한다고 생각하기 때문입니다. 상대를 고쳐야 한다는 대화로 가게 되면 갈등의 골은 깊어지게 됩니다.

또 당장은 아니더라도 나중에 논리로 굴복시킨 상대와 무언가를 함께 하기는 쉽지 않을 것입니다. 이것은 갈등으로 생긴 '적敵인식' 때문입니다. 이러한 적인식은 상대를 싸워서 이겨야 하는 존재로 인식하게 합니다. 어려운 관계 뿐 아니라, 친밀한 부부관계나 친한 관계에서도 적인식이 발현됩니다. 평소에는 잘 지내지만 특정 영역의 이야기가 나오면 적인식이 발동하고 서로 지지 않으려 하는 것입니다. 그렇게 갈등이 시작되면 상대 역시 지지 않으려 하고, 때로는 이성을 잃고 손해를 보더라도 공격하게 됩니다. 아주 사소한 문제라도 적인식이 발전되면 걷잡을 수 없이 큰 문제로 번질 수 있습니다.

적인식을 가지고 있을 때, 구성원 간 대화나 협조는 잘 일어나지 않습니다. 적당한 선에서 적당한 수준의 이야기만 오고 갑니다. 구성원 사이에 적인식이 있을 때 기대할 수 있는 결과물은 서로 감내할 만한 정도의 타협점과 한시적 관계입니다. 한시적 관계라는 것은 적인식이 있는 대상과는 언제든 기회가 된다면 함께 일하지 않겠다는 마음 때문입니다. 다른 사람들과 적인식 속에 있으면 당연히 긴장감이 높습니다. 또한 팀 안에서 적인식의 당사자가 아니어도 그 모습을 지켜보는 다른 구성원들의 스트레스와 긴장감 역시 높을 수밖에 없습니다. 그래서 적인식이 발동하는 팀에서 함께 일하는 것은 고역입니다.

조금 더 살펴보면, 적인식 상황에서는 부정적 감정을 일으키는 인지적 왜곡 현상이 강해집니다. 흑백논리나 성급한 일반화, 의미의 과장 및 축소, 원하는 정보만 받아들이는 확증 편향 등을 보이게 됩니다. 그래서 팀에서 갈등을 다룰 때, 이성적/논리적 접근이 아니라 적인식의 전환부터 시작해야 합니다. 상대를 적이나 경쟁 상대로 인식하는 관점을 해소하지 못하면 사사건건 대립할 수밖에 없습니다. 갈등 해결을 위해서는 가장 먼저 적인식에서 팀인식 혹은 동료인식으로 전환해야 합니다. 이것은 앞서 말한 팀십과 관련이 있습니다.

우리가 서로 도와 팀의 목적을 달성해야 한다는 인식으로 전환될 때 문제를 해결할 수 있습니다. 인식 전환은 상대의 의견, 감정, 기대/욕구를 존중하는 것부터 즉 공감부터 시작합니다. 서로 함께

이 작업을 시작하는 게 가장 좋지만, 그렇지 않다면 결국은 누군가 먼저 시작해야 합니다. 이해관계가 간절한 경우가 아니라면, 아마도 더 성숙한 사람이 시작할 거로 생각합니다. 만약 이 갈등 해결 과정으로 들어가기 싫다면 '상대와는 무엇도 하고 싶지 않다'라는 적인식이 너무 강력하게 자리 잡았기 때문입니다. 이 적인식이 어떤 방법으로도 해결되기 어렵다는 판단이 들면, 결국 누군가가 팀을 떠나는 방법이 최악을 피하는 차악책일 수도 있습니다.

갈등해결 방법

승승적 사고

스티븐 코비는 그의 책 성공하는 사람들의 7가지 습관에서 '승승'의 개념을 소개했습니다. 간단히 설명하면 대인관계에 있어서 우리는 기본적으로 상대에게도 좋고 나에게도 좋은 것들을 꾸준히 추구할 때 좋은 관계를 지속할 수 있다는 것입니다. 내가 이득을 보고 상대가 손해를 본다고 느끼면 승/패 사고, 내가 손해를 보고 상대가 이득을 본다고 느끼면 패/승, 반대로 둘 다 손해 보기 싫어서 대립하여 둘 다 좋지 못한 결과를 얻게 되는 패/패 상황도 있습니다. 그래서 코비는 '승승'이 아니면 무거래를 제안했습니다. 둘 다 좋은 결과를 얻지 못할 것 같으면 차라리 거래하지 않는 것이 장기적으로는 누군가가 패배한다고 느끼는 것보다 낫다고 했습니다.

팀으로 일을 할 때는 더욱 그런 것 같습니다. 한 번 보고 말 관계가 아니라 계속해서 함께 일을 해야 하는 관계에 있기 때문입니다. 내가 손해 본다는 생각이 들어도 오래가기 힘들고, 상대가 손해 본다고 느껴도 오래가기 힘듭니다. 팀으로 일한다면 기본적으로 우리가 서로 도와서 좋은 결과를 얻고 성장을 하자는 마인드가 기본이 되어야 합니다. 이것이 '승승'적 사고입니다.

우리는 서로 다르다는 사실을 너무나 잘 압니다. 평상시에는 누구에게 물어봐도 다른 생각을 갖거나 다른 해결책을 생각하는 것 자체는 문제가 되지 않다고 이야기합니다. 그러나 적인식 상황으로 들어가게 되면 다름이 틀림이 되고, 그 틀림은 용납할 수 없게 됩니다. 적인식을 깨기 위해서는 '승승'을 기반으로 먼저 상대는 나와는 다를 수 있음을 인정해야 합니다. 더 나아가 서로 다름에 대한 존중을 보여야 합니다. 상대의 생각이 나와 다르고, 다름 자체는 문제가 되지 않는다고 여기고, 상대의 방식도 일리가 있다고 존중해 주어야 합니다.

상대가 자기 생각과 감정, 그리고 기대하는 것이 잘못된 것이 아니고 그럴 수도 있다고 존중을 받을 때, 감정적인 문제가 해소될 수 있습니다. 그리고 나서, 우리가 함께 팀으로 일하는 이유와 서로 돕는 관계로 다시 인식하게 되면 팀인식, 동료인식으로 전환되는 것입니다. 이렇게 적인식에서 팀인식으로 전환되면 우리는 서로에게 '승승'이 될 수 있는 도움을 주고받으며 지속적 관계를 추구할 수 있게 됩니다. 이렇게 적인식 감정이 해소되고 팀인식으로 전환되어야, 비로소 갈등을 건설적으로 다룰 수 있게 됩니다.

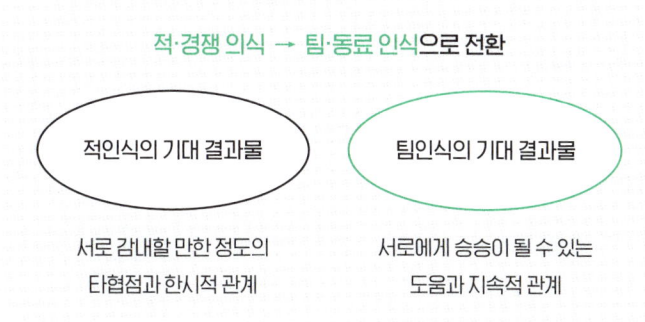

갈등 대응: 진짜 원하는 것을 이해하기

갈등 예시
- 빠른 일처리를 부탁한다 vs 지금은 안된다, 정확한 일처리를 해야한다
- 이어폰을 끼고 일하고 싶다 vs 끼고 일하면 안된다
- 영업지역 배분 시 A지역을 할당해 달라 vs B지역을 맡아달라

위의 갈등 예시에서 서로 대립하는 주장을 들어보면, 해결이 쉽지 않아 보입니다. 갈등 상황에서는 요구사항을 논리로 포장하여

다투는 경우가 많습니다. 자신의 주장이 옳은 이유를 펼치는 것입니다. '내 논리가 옳으니 내 말을 들어라'는 양상으로 대화가 전개됩니다. 이런 대화의 양상을 보이면 상대 역시 그 논리의 허점을 찾거나 자신이 옳은 이유를 더 부각합니다. 그런데 각 사람의 주장에는 그 주장을 통해 본질적으로 얻고 싶은 것이 있습니다. 그래서 서로가 주장을 통해 결국 정말로 원하는 것이 무엇인지 이해하는 과정이 필요합니다. 기본적으로 갈등은 다음의 그림처럼 겉으로 표현한 주장과 요구 사항들이 있고, 그 밑에는 드러내지는 않았지만 그 주장을 통해 진짜로 얻고 싶은 것이 있습니다. 그래서 갈등의 문제를 제대로 풀기 위해서는 주장을 통해 진짜 원하는 것에 주목해야 하고, 이 부분이 다루어져야 본질적인 해결이 가능합니다. 서로 진짜 원하는 것, 기대하는 것이 무엇인지 확인하고 나면 그것을 서로 어떻게 도울 것인가, 맞춰갈 것인가 하는 단계로 넘어갈 수 있습니다.

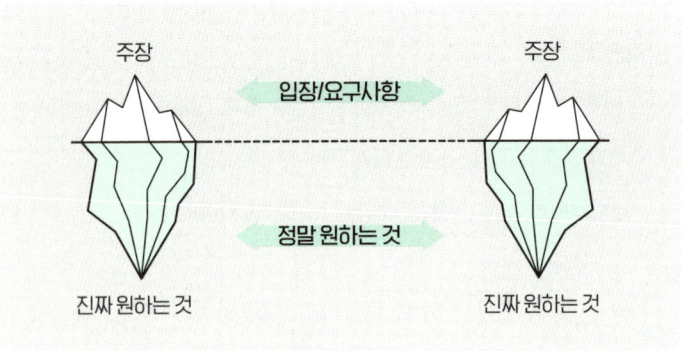

앞선 예를 든 갈등 사례들을 볼 때, 겉으로 드러난 주장만 보면 상대의 처지에서는 받아들이기 어렵습니다. 그래서 가장 먼저는 상대의 기대와 욕구를 들어야 합니다. 한마디로 먼저 상대를 공감해야 합니다. 논리적 이유라는 게 결국은 '자신의 주장은 틀리지 않았고, 상대의 주장은 옳지 않다'를 강화하는 방식이기 때문에 상황을 더 어렵게 만듭니다. 그리고 진짜 문제는 서로 논쟁하면서 이 논리가 굳어지면 이후에 자신의 주장을 철회하기가 어려워지기 때문에 갈등 상황을 해결하기가 더 어려워집니다.

예를 들면, 영업 지역 할당의 경우, 이전의 데이터를 토대로 자신이 그 지역을 할당받는다는 것이 마땅하다고 주장하면 상대도 논리적 데이터를 찾아 방어하는 방식으로 대응하게 됩니다. 그 논리적 이유를 여러 차례 주장하고 나면 오히려 다른 방안들을 찾을 명분이 없어집니다. 그래서 만약 A지역을 할당받기를 원한다면 그 지역을 받아야 하는 논리적 이유보다는, A지역을 할당받아서 무엇을 기대하는지에 대한 이야기를 먼저 들어야 합니다. 이 기대와 욕구는 대부분 옳고 그름의 문제가 아닙니다. 그 기대가 A지역의 담당자들과 이미 쌓아 놓은 관계 때문일 수도 있고, 자신이 오랫동안 작업해서 이제 곧 나올 매출에 대한 기대일 수도 있고, 이 지역에 대한 경험을 쌓고 싶은 기대일 수도 있고, 회사에서 정한 교통비를 최대로 활용할 수 있기 때문일 수도 있습니다. 상대도 이 지역을 할

당받아 기대하는 것들이 있을 텐데, 그 기대를 먼저 이해해야 합니다.

여기서도 상대의 요구/입장을 보면 감정이 드러납니다. 그리고 그 감정 뒤에는 정말로 원하는 것이 숨겨져 있습니다. 아래 표를 채워 보면 나와 상대의 요구와 감정, 그리고 그 상황에서 정말로 원하는 것이 무엇인지 생각해 볼 수 있습니다.

	나	상대
입장/요구		
공감할 감정		
진짜 원하는 것		

갈등의 해결책 모색하기

이렇게 서로가 진짜 원하는 것이 이해되면 겉으로 드러난 요구가 아닌 실제적인 이야기를 할 수 있습니다. 그래서 일단 서로가 원하는 것을 공동의 목표로 세워서 방법을 찾는 시도를 우선 해 보아야 합니다.

이렇게 공동의 목표를 설정하면 문제를 해결하기 위해 여러 방안을 함께 논의할 수 있습니다. 각자의 요구에서 공동의 목표로 전환되면 함께 문제를 해결할 다양한 방법들이 생겨납니다.

① 빠른 일처리를 부탁한다 vs 지금은 안된다, 정확한 일처리를 해야한다

	A	B
입장/요구	일 좀 빨리 처리해 주세요	정확한 확인을 위해 지금은 안 된다
공감할 감정	프로젝트 일정에 차질이 생길까봐 걱정이다	오류가 발생해서 책임소재를 물을 때 난처하다
진짜 원하는 것	발주처에 빨리 보고하고 진행스케줄을 맞춰야 한다	정확한 확인으로 문제가 발생하지 않았으면 좋겠다

② 이어폰을 끼고 일하고 싶다 vs 끼고 일하면 안된다

	A	B
입장/요구	이어폰 끼고 일하고 싶다	이어폰 빼고 일해라
공감할 감정	말소리가 나면 집중이 안되서, 업무 효율이 떨어져서 스트레스를 받는다	즉각적으로 이야기 하고 싶은데, 소통이 잘 안되어 답답하다
진짜 원하는 것	일을 집중해서 잘하고 싶다	업무 중 소통이 잘 되면 좋겠다

③ A지역 할당 vs B지역 할당

	A	B
입장/요구	A지역을 할당해 달라	B지역을 맡아달라
공감할 감정	그동안 작업한 A지역에서 이제 매출이 나올 것 같은데, 갑자기 이렇게 옮기면 실적이 나빠질 것 같아 우울하다	B지역이 신규로 생겼는데, 맡는다는 사람이 없어서 걱정이다
진짜 원하는 것	좋은 실적을 받고 싶다	B지역을 맡을 담당자가 필요하다

① 업무 속도 vs 정확도 갈등

공동의 목표
진행 스케줄을 맞추면서 정확한 확인으로 문제가 발생하지 않게 하기
1안) 고객에게 현 상황을 공유하고 정확한 확인 후 보고
2안) 현재 확인된 내용으로 임시 보고 후 정확한 확인 후 재보고

② 이어폰 착용 갈등

공동의 목표
일을 집중하면서도 업무 소통이 잘 되게 하기
1안) 이어폰을 끼고 일하되, 실시간 소통이 필요할 때는 어깨를 톡톡 쳐주기, 급하지 않은 건은 메시지 남기기
2안) 집중해야 하는 시간을 정하고 그 시간에는 이어폰을 끼고 일하고 나머지 시간은 빼고 일하기

③ 영업지역 배분 갈등

공동의 목표
A의 좋은 실적을 유지하며 B지역 맡을 담당자 선정하기
1안) A의 실적이 나올 때까지 당분간 A와 B지역 동시에 맡기
2안) B지역을 맡되 A 지역의 실적 일부를 A에게 인정해 주기

    공통의 목표를 설정하고 다양한 방안을 이야기해도 서로가 만족할 만한 대안을 쉽게 합의하지 못한다면 이제는 이 다름에 대해 어떻게 대응할 것인지에 대해 고려해 보아야 합니다.

갈등대응 방식

토마스 킬만은 갈등에 대응하는 5가지 유형이 있다고 합니다.

- **주장형**: 나의 요구를 강력하게 주장
- **양보형**: 상대 요구를 수용
- **유보형**: 문제의 유보/회피
- **타협형**: 적당한 합의/타협
- **협력형**: 서로의 기대를 충족하기 위해 더 깊이있게 문제를 다룸

우리는 보통 자신이 주로 쓰는 방식에 익숙합니다. 주장형을 주로 쓰는 사람은 독단적이라는 평가를 받기 쉽습니다. 반대로 상대를 위해 주로 양보형을 사용하는 사람은 몇 번은 괜찮지만, 양보가 반복되면 본인이 만만한 호구라고 느끼게 되고 마음이 상하게 됩니다. 유보형을 주로 쓰는 사람은 무책임해 보입니다. 타협형인 사람들은 합리적으로 보이기는 하지만, 손해 보지 않으려는 성향으로 높은 수준의 협력보다는 적당한 수준에서만 일할 수 있습니다. 협력형을 주로 하는 사람과는 뭐 하나 결정하려면 너무 많은 것들을 고려해서 쉬이 결론이 나지 않아 피곤합니다.

그래서 우리는 지혜가 필요합니다. 나와 상대에게 무엇이 얼마

나 중요한지를 생각해 보고, 그에 따라 적절한 방식을 적용해야 합니다. 때로는 나의 주장을 설득하고, 때로는 반대로 상대에게 양보할 줄 알아야 합니다. 급한 것은 지혜롭게 타협하고, 중요한 문제라면 신중하게 협력해야 합니다. 지금 당장 다루지 않아도 될 것이나 나와 상대에게 별로 중요하지 않다면 한동안 유보해도 됩니다. 이것이 갈등 대응 방식인데, 이 판단을 하기 위해서는 우선 갈등 사안이 나와 상대에게 얼마나 중요한지 판단해 봐야 합니다. 특히 이 사안이 상대에게는 얼마나 중요한지 물어봐야 합니다. 상대가 생각하는 중요도를 내가 넘겨짚지 않아야 하고, 상대에게 확인하는 과정이 중요합니다. 이렇게 기대에 대한 중요도가 파악되면 토마스 킬만의 5가지 성향별 갈등 상황 대처 유형에 따라 접근 방식을 생각해 볼 수 있습니다. 각각의 용어는 제가 상황에 맞게 수정했습니다

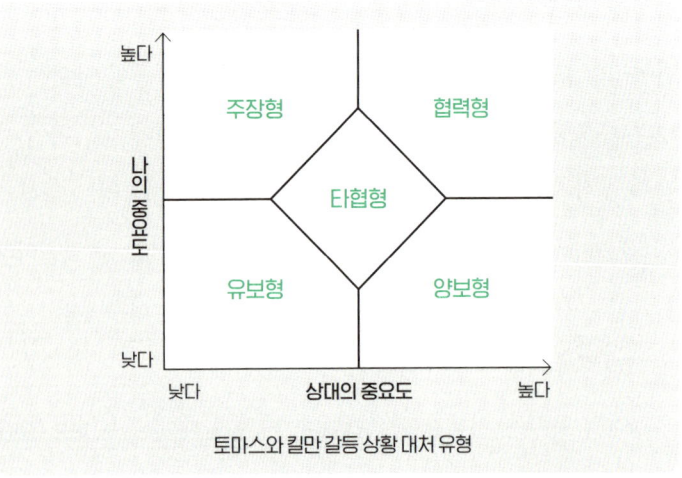

토마스와 킬만 갈등 상황 대처 유형

주장형 나에게 중요한 사항이고 상대에게는 중요도가 낮은 경우
→ 상대에게 양해를 구한다

양보형 상대에게 중요한 사항이고 나에게는 중요도가 낮은 경우
→ 상대에게 양보한다

유보형 나에게도 상대에게도 별로 중요하지 않은 경우
→ 반드시 다루어야 하는 때가 아니면 굳이 지금 다루지 않는다

타협형 나와 상대 모두에게 어느 정도 중요함
→ 서로 동등한 이익과 희생을 전제로 논의한다

협력형 나와 상대 모두에게 매우 중요함
→ 충분히 논의하고 서로 만족하는 결과를 얻기 위해 시간과 에너지를 투자한다

대립하는 갈등 상황에서 늘 작동하는 갈등 해결 방법은 없습니다. 이해관계의 중요성과 장기적, 단기적 관점을 고려해야 하고, 나와 상대의 기본 성향과 해결을 위해 남은 시간 등도 생각해 봐야 합니다. 예를 들면, 현재 나에게 중요한 문제이기는 하지만, 장기적 관점에서 상대에게 신뢰를 얻어야 할 때는 양보형을 택해야 할 수도 있습니다. 또 반대로 계속 무리한 요구를 하는 상대에게는 나에게 덜 중요하더라도 주장형을 선택해야 할 수도 있습니다.

그래서 갈등을 다루는 여러 방법이 있고, 그것을 장단기적 관점과 각자의 중요도 등을 따져보고 어떤 갈등해결 방식을 선택할지

결정해야 합니다. 이 모든 과정에서 상대를 존중하고, 공감해서 적인식이 생기지 않게, 동료의식/팀인식을 유지해야 합니다.

아래 예시 상황을 살펴보시고, 어떤 유형의 갈등 대응 방식이 필요할지 생각해 보면 좋을 것 같습니다. 각자가 상황을 인식하는 맥락이 달라서 정답이 없습니다. 같은 상황에서도 누구와 그런 상황에 놓여있느냐에 따라서도 다른 대응 방식을 택할 수 있습니다. 이 연습은 '갈등 상황마다 다른 대응 방식을 써야 하는구나'라는 것을 인지하는 연습입니다. 혹시 다음 내용을 나눌 만한 사람이 있어서 같이 이야기해 보면 해결 방식에 대한 다른 관점을 가진 것을 확인하실 수 있을 것입니다.

동시에 위의 사안에 대해서 쓰면 안되는 방식도 한 번 더 생각해 보시면 좋겠습니다. 예를 들면 앞의 지속적인 신뢰 관계를 유지해야 할 때는 유보형이나 주장형을 가능하면 쓰지 않는 것이 좋겠다고 생각해 보는 것입니다.

이렇게 갈등을 배웠다고 갈등에 갑자기 잘 대응할 수는 없습니다. 감정이 개입되기 때문입니다. 내가 이런 갈등 해결의 프로세스를 배웠다고 해도 감정적으로 하기 싫을 때가 있고, 또 상대가 준비되지 않을 때도 있기 때문입니다. 나 또는 상대가 감정적으로 고조되었을 때는 대화를 시도하기보다는 감정적으로 안정되었을 때 시작하는 게 좋습니다.

상황별 최적의 접근 방법은?

- 계속적인 신뢰 관계를 유지해야 할 때 _____ 형
- 아직 정보가 충분하다고 생각되지 않을 때 _____ 형
- 마감 시한까지 시간이 얼마 남지 않았다고 생각될 때 _____ 형
- 내가 확실히 책임지고 진행할 자신이 있을 때 _____ 형
- 매우 복잡한 이해관계가 얽혀 있을 때 _____ 형
- 상대의 요구가 시간이 갈수록 과해진다고 느낄 때 _____ 형
- 서로의 입장이 충분히 논의 되었지만 이견이 좁혀지지 않을 때 _____ 형
- 해당 사안을 상대가 정말로 중요하게 여길 때 _____ 형
- 외부 전문가의 판단이 중요할 때 _____ 형
- 결정 후 실행 시 상대의 참여가 중요할 때 _____ 형

지양해야 할 접근 방법은?

- 지속적인 신뢰 관계를 유지해야 할 때 _____ 형
- 아직 정보가 충분하다고 생각되지 않을 때 _____ 형
- 마감 시한까지 시간이 얼마 남지 않았다고 생각될 때 _____ 형
- 내가 확실히 책임지고 진행할 자신이 있을 때 _____ 형
- 매우 복잡한 이해관계가 얽혀 있을 때 _____ 형
- 상대의 요구가 시간이 갈수록 과해진다고 느낄 때 _____ 형
- 서로 입장을 충분히 논의했지만 이견이 좁혀지지 않을 때 _____ 형
- 해당 사안을 상대가 정말로 중요하게 여길 때 _____ 형
- 외부 전문가의 판단이 중요할 때 _____ 형
- 결정 후 실행 시 상대의 참여가 중요할 때 _____ 형

마지막으로 애덤 그랜트의 『Give & Take』라는 책에 나오는 3가지 사람의 유형을 소개합니다.

- **기버** Giver : 받는 것보다 더 많이 주기를 좋아하는 사람
- **테이커** Taker : 주는 것보다 더 많이 받기를 원하는 사람
- **매처** Matcher : 받은 만큼 되돌려주는 사람

성공의 사다리 맨 밑바닥에는 기버가 있다고 합니다. 많이 퍼 주는 사람이 맨 밑바닥에 있습니다. 중간에는 매처와 테이커가 비슷하게 자리합니다. 테이커는 바닥에 있는 기버로부터 얻어 내어 위로 올라갑니다. 그러면 성공의 맨 꼭대기에는 누가 있을까요? 꼭대기에는 바닥에 있는 기버와는 다른 유형의 기버가 있다고 합니다. 맨 밑바닥에 있는 기버를 우리는 호구라 부르고 맨 위에 있는 기버를 지혜로운 기버라 부를 수 있을 것 같습니다. 무조건 양보하는 기버는 테이커의 밥이 됩니다. 그러나 지혜로운 기버는 테이커에게는 먼저 한 두번 주지만, 테이커라 판단되면 더 이상 기버로 행동하지 않습니다. 갈등을 다룰 때에도 먼저 기버처럼 행동하고 만약 테이커로 나오는 사람에게는 호구처럼 양보형으로 대응하면 안됩니다. 호구가 아닌 지혜로운 기버가 결국 성공의 사다리에 끝에 오릅니다. 각 대응 유형을 잘 생각해 보고 적절한 방식을 택하길 바랍니다.

PART 2 좋은 팀을 만드는 기술

5장
팀워크 기술 #3 팀 의사결정

FOBO를 넘어서는 의사결정

혹시 FOBO Fear of Better Options, 더 좋은 옵션에 대한 두려움 라는 말을 들어 보셨습니까? 의사결정 상황에서 지금 결정한 것보다 더 나은 대안이 있을지도 모른다는 두려움을 의미하는 신조어입니다. 산업이 발전할수록 소비자들에게 주어지는 선택의 폭은 어마어마하게 넓어졌습니다. 개인적인 FOBO에 관한 경험은 전기 모기채 구매였습니다. 아내가 여름이 다가오니 전기 모기채를 하나 사달라고 했습니다. 검색사이트에 들어가서 전기 모기채를 입력했습니다. 그러자 만개가 넘는 상품이 검색되었습니다. 처음에는 상위에 노출된 몇 개를 살펴보았습니다. 중국산도 있고, 국산도 있고, 건전지 사용, 충전식, 디자인, 색깔, 크기, 가격, 이벤트 프로모션 등 너무나 다양한 옵션들이 있었습니다. 뭐 하나 괜찮다 싶으면 '이거보다 괜찮은 게 있지 않을까?' 하면서 또 다른 상품들을 살펴보았습니다. 그렇게 2시간 정도를 찾아보다가 너무 피곤해지고 지쳐서 결국 그날 구매하지 못했습니다. 그리고 그다음 날도 1시간을 넘게 상품들을 살펴보았습니다. 이날도 막상 괜찮다고 생각이 드는 제품이 나와서 구매하려고 하면 '이게 최선인가?'라는 생각이 들어 또 다른 상품을 살폈습니다. 결국 이틀에 걸쳐 세 시간을 넘게 쓰고 2만원 정도의 물건 하나를 샀고, 사면서도 그리 만족스럽지 않았습니다. 이런 경우가 FOBO의 대표적인 예입니다. FOBO를 주장한 패트릭 맥기니스는 이 현상이 결정장애로 인한 심각한 사회적 문제라고 주장합니다.

 이렇게 상품을 구매하는 결정도 쉽지 않지만, 팀에서의 의사결정은 더 어렵습니다. 기본적으로 변화가 심하고 불확실성이 크고, 문제와 상황은 복잡하고 평가의 기준도 모호한 VUCA Volatility, Uncertainty, Complexity, Ambiguity 시대를 살면서 의사결정에 따른 결과의 책임감, 다른 팀원들의 지지를 받을 수 있는가에 대한 걱정 등으로 팀에서의 의사결정도 FOBO를 일으킵니다. '지금보다 더 나은 의사결정이 있지 않을까? 이게 최선일까?'하는 걱정과 두려움 때문에 의사결정 때 스트레스를 받게 됩니다.

 이번 장에서는 이러한 의사결정에 대해 알아보고 어떻게 하면

FOBO를 극복하고, 더 나은 의사결정을 할 수 있을까에 대한 이야기를 나누어 보겠습니다. 우선, 의사결정을 잘하기 위해 기본적으로 살펴볼 몇 가지 사항들이 있습니다.

확률적 접근

우리는 의사결정을 통해 정답을 찾으려 하는 경향이 있습니다. 딱 맞는 답으로 내가 고민하는 문제를 정확히 해결해 줄 수 있기를 바랍니다. 물론 정답이 존재하는 의사결정들도 있습니다. 그러나 우리 일상 대부분의 문제는 정답이라는 게 존재하지 않는 경우가 더 많습니다. 어느 디자인을 선택할지, 어느 업체를 선택할지, 누구를 승진시킬지, 누구에게 일을 맡길지 등의 의사결정은 정답이 존재하지 않습니다. 이러한 결정들은 선택하고 실행하고 나면 그 자체가 최선이었는지, 만약 다른 선택을 했었다면 더 좋았을지도 쉽게 비교할 수 없습니다. 중요한 문제라서 가장 좋은 답을 찾고 싶지만 그럴 수 없습니다. 그래서 우리는 의사결정을 '정답을 찾는 것에서 확률을 높이는 과정'이라고 생각을 전환해야 합니다. '현재 상황에서 가능한 최선의 선택은 무엇인가'로 의사결정을 바라봐야 합니다. 확률적 접근이 아닌 정답을 찾겠다는 접근으로 가면 FOBO가 발생합니다. 정답이 없는 의사결정에 정답을 찾으려 하는 순간 결정에 대한 자신감이 사라질 수밖에 없습니다.

중요도에 따른 에너지 배분

　의사결정 사안들은 각각의 중요도가 있습니다. 물론 그 중요도는 사람마다 다릅니다. 그것이 가지는 파급력, 영향력, 혹은 리스크 등을 기준으로 중요도를 나눌 수 있습니다. 이러한 구분 없이 모든 것을 중요하게 여기면 스트레스가 클 수밖에 없습니다. 반대로 중요한 의사결정인데, 너무 쉽게 결정해도 문제가 발생합니다. 의사결정 사안을 볼 때, 이 사안이 어느 정도 중요한지 판단하고, 그 중요도에 따라 어느 정도의 에너지를 쓸 것인지 생각해 봐야 합니다.

결과보다는 과정에 집중

　의사결정의 결과가 우리에게 큰 영향력이 있을 때 스트레스는 그에 비례해 올라갑니다. 그 결과가 미칠 영향들이 자연스럽게 그려집니다. 성공했을 때, 실패했을 때의 모습들이 계속해서 생각이 납니다. 그러나 이러한 생각들은 의사결정에 크게 도움이 되지 못하고 오히려 스트레스를 유발합니다. 그래서 이러한 결과에 대한 상상보다는 우리가 실행할 수 있는 과정에 집중해야 합니다. 만약 결과에 대한 두려움이 내 생각을 지배한다면 이것을 일종의 징후 sign 로 보고 대처해야 합니다. 성공 확률을 높일 수 있는 올바른 의사결정 과정 중에 있는지 점검해 보고, 문제가 없다면 그 의사결정 과정을 계속 해서 진행하면 됩니다.

미리 결정할 수 있는 결정

　의사결정 중에서 적지 않은 것들을 일이 발생하기 전에 미리 결정해 놓을 수 있습니다. 미리 의사결정을 하게 되면 좀 더 객관적이고 합리적인 결정을 할 수 있는 확률이 높아집니다. 문제가 발생한 상태에서 무언가를 결정할 때는 자신의 이익이나 견해가 개입되기 쉽고, 상황에 압도되어 올바른 판단이 어려울 때가 많습니다. 그러나 상황이 발생하기 전에는 다양한 각도에서 좀 더 합리적인 판단이 가능합니다. 위기 관련 대응 매뉴얼이나 업무 규칙 등도 사전에 의사결정을 해 놓은 결과물입니다. 그래서 팀으로 일할 때, 자주 발생하고, 또 예상이 가능한 문제들에 대해서는 사전에 어떻게 하면 좋겠다는 결정을 미리 해 두어 팀 운영 매뉴얼이나 팀 그라운드룰처럼 정리해 놓으면, 그 상황이 발생했을 때 그때그때 의사결정 해야 하는 소모를 줄이기도 하고, 결과도 훨씬 더 합리적으로 됩니다. 이 부분은 이후에 팀운영 매뉴얼을 통해 자세히 다루도록 하겠습니다.

기준과 근거

　의사결정을 잘하기 위해서는 그 의사결정의 기준이 잘 세워져 있어야 하고, 그 기준에 따른 근거가 잘 마련되어 있어야 합니다. 기준도 명확하고 근거도 명확할 때, 의사결정은 어렵지 않습니다. 그러나 의사결정이 어려울 때를 생각해 보면, 의사결정 기준이 모호하거나 관련 근거가 부족할 때입니다. 여러 기준이 오락가락하고, 이게 중요한지 저게 중요한지 혼란스러울 때, 의사결정은 어렵습니다. 또한 기준이 잘 세워졌지만, 그에 대한 정보, 자료, 근거가 부족할 때도 결정이 어렵습니다. 의사결정 시 모든 근거를 마련하고 결정을 내리면 좋겠지만, 그렇게 할 시간도 없고, 설령 그럴 시간과 에너지가 있다고 치더라도 모든 자료를 완벽하게 모으는 게 어려운 경우가 대부분입니다. 결국 어느 시점에서는 불완전한 정보로 의사결정을 내려야 한다는 사실을 인정해야 합니다.

팀 의사결정

조금 더 나아가 팀에서 의사결정을 잘한다는 것은 어떤 걸까요? 첫 번째는 구성원의 지지를 얻는 것입니다. 팀에서 난 결정이 구성원의 지지를 얻지 못한다면 그 의사결정은 힘을 받지 못할 것입니다. 두 번째는 팀에서 낼 수 있는 최선의 결정이어야 합니다. 구성원과의 집단 지성으로 발휘되는 의사결정이 혼자서 하는 것보다 더 나아야 하고 이것이 함께 팀으로 일하는 이유이기도 합니다. 세 번째는 이러한 과정에서 효율성이 있어야 합니다. 언제나 모든 결정을 모두가 해야 하는 것은 아닙니다. 오히려 모두가 함께 결정하고자 하면 효율성이 떨어집니다. 그래서 어떤 결정은 그 결정을 가장 잘할 수 있는 사람이나 일부 사람들이 결정하는 것이 좋은 의사결정과 함께 팀의 에너지를 줄일 수 있습니다.

의사결정과 관련하여 팀십이 잘 발휘된다는 것은 어떤 모습일까요? 간단하게 말하면,

1. 팀에서 해당 사안에 대해 의사결정을
   가장 잘할 수 있는 사람에게 의사결정권이 부여되고,
2. 다른 구성원들은 좋은 의사결정이 되도록
   의사결정 전까지 다양한 의견을 제시하고
3. 해당 의사결정권을 가진 사람은
   여러 의견과 고려사항을 충분히 고민해서 의사결정을 하고
4. 의사결정이 나면 구성원들은
   자신의 의견과 다르더라도 그 결정을 존중하고 따르는 것

입니다.

여기서 중요한 것은 팀에서 해당 사안에 대한 의사결정권이 누구에게 있는지 아는 것이고, 구성원들은 충분한 자기 의견 개진 후에 의사결정자의 결정에 따르는 것입니다. 다양한 사람들이 모이다 보면 당연히 다양한 의견이 나오게 마련입니다. 그런데 팀십이 낮은 사람은 자신과 의견이 다르면 결정이 났음에도 불구하고 계속

자기주장을 하고 결정에 불만을 가지고 따르지 않는 모습을 보입니다. 이런 팀에서는 서로 눈치를 보느라 의사결정도 쉽지 않고, 업무 진행도 쉽지 않습니다. 또 반대로 의사결정 전에 다른 의견이 있음에도 이야기할 기회가 없거나 혹은 눈치를 보고 말하지 않아서 팀의 시너지를 충분히 활용하지 못하는 것도 팀으로 함께 일하는 장점을 살리지 못하는 모습입니다.

의사결정방법

의사결정 과정은 크게 의사결정 전, 중, 후 이렇게 3단계가 존재합니다. 의사결정 전 단계는 의사결정 과정을 잘하기 위해 사전에 해야 하는 작업에 관한 것이고, 의사결정 후 단계는 의사결정이 결정으로만 끝나지 않도록 실행에 연결하는 작업입니다. 각각의 단계들을 좀 더 살펴보도록 하겠습니다.

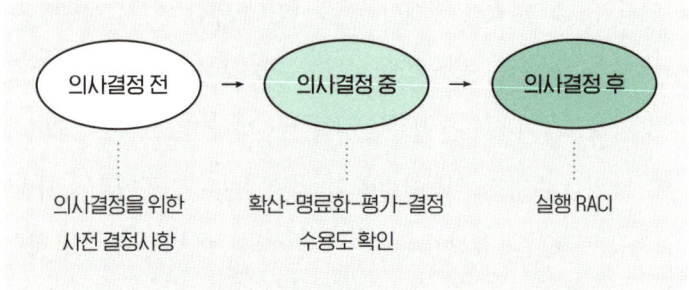

의사결정 전 단계 의사결정을 위한 의사결정

의사결정을 잘하기 위해서는 미리 생각하고 결정해 두어야 하는 것들이 있습니다. 이런 사전결정 항목이 미리 준비되어 있으면 의사결정의 질을 훨씬 높일 수 있습니다. 특히 여러 사람이 함께 일하는 팀에서는 사전결정에 대해 충분히 공유되어 있을 때 혼란이 적고, 의사결정 과정도 잘 될 진행될 수 있습니다. 일반적으로 사전결정 항목은 다음과 같습니다.

① **사안** ·········· 무엇을/왜 결정할 것인가?
② **의사결정자** ···· 이 사안은 누가 최종적으로 의사결정을 하는가?
③ **중요도** ········ 이 결정은 얼마나 중요한 사안인가? 왜 중요한가?
④ **기준** ·········· 이 의사결정은 어떤 것을 기준으로 결정할 것인가?
⑤ **프로세스** ······ 이 의사결정은 어떤 프로세스를 거쳐서 언제 최종 의사결정이 나는가?
⑥ **공유** ·········· 의사결정 후 공유는 언제 누구에게 되는가? 만약 공유되지 않는다면 그 이유는 무엇인가?

사안에 따라 위의 여섯 가지가 될 수도 있고 더 늘거나 줄 수도 있습니다. 여기서 가장 눈여겨봐야 할 것은 의사결정자입니다. 이 사안을 최종적으로 누가 의사결정을 할 것인지가 정해져야 합니다. 의사결정자가 명확하지 않으면 한참 논의하다가 '그래서 이건 누가 결정하는 거야?'라는 의문을 가지게 되고, 이런 상태에서 의견이 대립하면 상대를 의식해 누구도 쉽사리 결정을 내리지 못하는 상태가 됩니다. 논의에 앞서 누가 의사결정을 할 것인지 명확히 하고 들어가야 합니다. 그리고 의사결정권자는 의사결정에 들어가기 전에 구성원에게, 중요도에 따라 어느 정도의 에너지를 쓸 것인지, 어떤 기준으로 의사결정을 할 것인지, 의사결정 프로세스와 스케줄링을 어떻게 할 것인지, 누구에게 어떻게 알려줄 것인지를 공유해야 합니다. 구성원이 이러한 내용을 알고 있다면 어느 정도의 에너지를 쓸 것인지 판단할 수 있고, 의사결정 기준에 맞춰서 자료를 모으거나 의견을 내고, 의사결정 프로세스 일정에 따라 행동하게 됩니다. 또 언제쯤 의사결정이 될 것인지, 누구에게 어떻게 공유될 것인지 알면 투명하고 공정한 의사결정이라는 인식이 높아집니다. 당연히 팀의 의사결정에 대한 수용도와 신뢰가 올라갑니다. 이 사전결정 단계를 의사결정을 위한 의사결정이라고 볼 수 있고, 이 단계를 Meta-Decision이라고 부르는 사람들도 있습니다. 이제 각각의 요소들을 좀 더 자세히 알아보겠습니다.

① 사안

의사결정 사안에 대해서는 단순하게는 의사결정 안건만 공유할 수도 있지만, 때로는 사안과 관련한 좀 더 자세한 맥락이 필요할 때도 있습니다. 이 사안이 왜 지금, 이 시점에 해야 하는지, 이 결정이 미치는 영향이 무엇인지, 관련된 히스토리가 있는지, 이해관계자들이 누구인지, 어떤 상태인지를 먼저 이해시켜야 합니다. 맥락 없이 사안만 있을 때 사람들은 자기 나름대로 해석합니다. 그래서 맥락을 이해하지 못할 때, 해결책이 엉뚱한 방향으로 갈 때가 많습니다. 어떤 구성원이 맥락에 맞지 않는 의견을 낸다면 그것은 그 구성원의 잘못도 있겠지만, 맥락 공유가 충분히 되었는지부터 생각해 봐야 합니다. 그래서 맨 처음 할 일은 의사결정 사안의 배경과 맥락, 이해관계자들의 인식에 대한 공유입니다. 그리고 나면, 그래서 이번에 무엇을 결정할 것인지 명확히 해야 합니다. 많은 경우, 굳이 이야기하지 않더라도 어떤 것에 관한 결정을 내릴 것인지 알 수 있습니다. 그렇다 하더라도 결정 사안을 명확히 하면, 오해를 방지하고, 좀 더 효율적으로 진행될 수 있습니다. 특히 여러 가지 의사결정으로 이루어진 경우에는, 단계별 의사결정 사안을 정해놓아야 합니다.

② 의사결정자

누가 최종적으로 의사결정을 할 것인가? 사안이 결정되면 이제 누가 이 사안을 가장 잘 결정할 수 있을지, 생각해 볼 수 있습니다. 팀에서는 많은 경우, 팀장에게 의사결정 권한이 몰려 있습니다. 그럼에도 사안이 선명해지면, 팀에서는 누가 이 결정을 내리는 것이 가장 효과적이고 효율적일까를 고민해 봐야 합니다. 의사 결정권의 스펙트럼을 보면 한쪽 끝은 리더의 단독 결정이고 다른 쪽 끝은 구성원의 만장일치입니다. 그 사이에 구성원의 다수결, 구성원의 제안에 대한 리더의 결정, 특정 그룹에게 결정을 위임 등 다양한 방식이 존재합니다. 각각의 의사결정 방법은 장점과 단점이 존재합니다. 리더의 단독 결정은 빠르게 추진되고 책임도 명확하지만, 단독 결정이 반복되면 독선적이라는 평가를 피할 수 없을 뿐 아니라 언제나 좋은 판단을 내릴 수 있는 것도 아닙니다. 반대로 구성원들이 모두 동의해서 진행하는 경우, 의견 수렴이 쉽지 않습니다. 당연히 느리고 집단사고의 오류에 빠지게 되고, 또 잘못된 결과가 나와도 누구도 책임을 지기 힘든 구조가 됩니다.

이와 관련하여 의사 결정권을 설정하는 방법에 대해서는 조직행동론 학자인 빅터 H. 브룸과 아서 G.가 만든 VJ결정모델이 있습니다. 저자들은 6가지 의사결정 방법을 제시했습니다. 원래는 조직의 리더가 의사결정 방법을 어떻게 설정하는가에 대한 방법론인데, 팀에 맞게 수정했습니다. 그 방법은 다음과 같습니다.

팀의 6가지 의사결정 방법

A1 단독결정1 autocratic1
리더가 가진 정보만으로 리더 혼자 결정한다. 구성원들과 논의하지 않고 결정한다. 사안에 대해 특별한 이유가 없으면 공유하지 않는다.

A2 단독결정2 autocratic2
관련 구성원들에게서 정보를 요청하여 제공받고 리더가 결정한다. 사안에 대해 특별한 이유가 없으면 공유하지 않는다. 배경이나 이유를 설명하지 않고 구성원들이 제출한 정보를 참고하여 결정한다.

C1 협의1 consultative1
관련 구성원과 일대일로 협의하고 제안을 얻는다. 최종 결정은 리더가 한다. 필요한 구성원들과 사안을 공유한다. 모두가 알 필요는 없는 사항이고 결정도 신속히 하기 위해 일대일 회의를 위주로 진행하고 결정한다.

C2 협의1 consultative2
관련 구성원들과 함께 토론하고 필요한 제안을 얻는다. 최종 결정은 리더가 한다. 모두가 사안을 공유하고 의견을 낸다. 리더는 그것을 듣고 참고해서 결정을 내린다.

G1 집단1 group1
관련 구성원과 회의를 하고 리더는 그들이 결정을 잘하게끔 돕는다. 구성원들이 원하는 것을 찾도록 사회자 역할을 한다. 목소리가 큰 구성원들을 적절히 조정하면서 전체 구성원들이 의견을 적극적으로 개진하도록 한다.

G2 집단2 group2
관련 구성원이 회의를 할 수 있게 여건을 마련하여 스스로 결정하게 하고 리더는 결과만 공유받는다. 결과에 따른 후속 조치는 모두 함께한다.

저자들은 이 6가지 의사결정권 설정을 위해서 아래 질문을 먼저 고민해 보라고 합니다. 그리고 이 질문들을 트리 구조로 만들어 각 질문의 답에 따라 최종적인 의사결정 방식을 제안합니다.

① 이 사안은 중요하고 신중한 결정이 필요한가
② 관련된 사람들이 결정 과정에 참여하는 것이 결정 후 실행에 중요한가
③ 리더 혼자 훌륭한 결정을 하기에 충분한 정보를 가지고 있는가
④ 리더 혼자 결정을 내려도 구성원들이 잘 받아들일 사안인가
⑤ 리더 혼자 결정을 내려도 회사 내 다른 구성원들도 받아들일 수 있는 사안인가
⑥ 관련된 사람들이 이번 사안의 목표를 이미 잘 공유해서 인식하고 있는가
⑦ 선택된 대안에 대해 관련된 사람들 간의 갈등 우려가 있는가
⑧ 관련된 사람들은 훌륭한 결정을 하기에 충분한 정보를 가지고 있는가

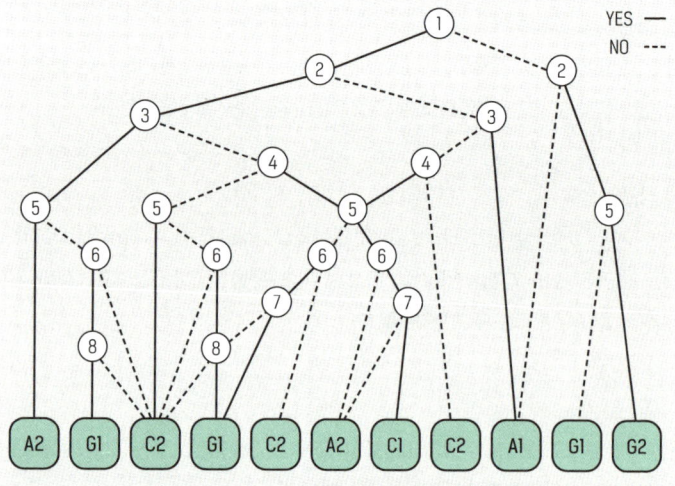

지금 생각나는 의사결정 사항을 앞의 의사결정 트리 방법으로 실습해 보십시오. 이러한 방식을 늘 해야 하는 것은 아니지만, 만약 중요한 의사결정이라고 판단되면 이러한 과정을 진행해 보는 것을 권해드립니다. 몇 번 진행하다 보면 의사결정권 설정에 관한 감이 생길 것입니다. 또한 구성원들에게도 앞의 트리를 소개하고 경험하게 하면 공감을 얻을 수 있습니다. 또 만약에 다른 결과가 나오는 경우 어느 지점에 대한 생각이 다른지 구성원들과 같이 이야기해 보면 좋습니다.

③ 중요도

의사 결정권이 설정되면 의사결정권자는 이 사안의 중요도에 따라 의사결정 과정을 진행하기 위해 얼마의 에너지와 시간, 인력을 투입할 것인지 생각해 봅니다. 의사결정은 좋은 기준의 수립과 그에 따른 판단 근거의 수집, 이 두 과업으로 이루어져 있습니다. 위험도나 중요도에 따라 의사결정 하는 방법은 크게 3가지가 있습니다. 위험 요소가 없거나 중요하지 않은 것은 운에 맡기는 것이 좋습니다. 가령 보고서에 참고 자료로 들어갈 사진 중 맘에 드는 사진이 두 개가 있는데, 둘 중 하나를 넣어야 하는 경우, 서로 어느 사진이 좋다는 갑론을박이 있을 수 있지만, 참고 사진 자체가 보고에 큰 영향을 미치지 않는 경우라면 가위바위보나 홀짝 같이 운에 맡기고 에너지를 쓰지 않는 게 좋습니다. 그런데 어느 정도 중요하면서도 위험 요소가 있을 것 같은 경우에는 운에 맡길 수 없습니다. 예를 들면 고객 접대를 위한 식당 선정, 회사의 워크숍 장소 선택 등이 그러합니다. 이러한 문제들의 경우에는 그 자체가 본질적으로 중요하다기보다는 나쁠 경우 문제가 생기는 것입니다. 이런 경우는 위험 요소를 줄이기 위해 관련 경험이 있는 사람이나 전문가에게 2~3가지 추천을 받고 결정하는 정도가 적당합니다. 마지막으로 중요도가 크고 위험 요소가 큰 경우입니다. 팀의 전략목표를 정한다든지, 경쟁 PT의 컨셉을 정하는 것은 매우 중요합니다. 이런 사안들은 충분한 대안들을 고려해 보고 평가한 뒤에 결정해야 합니다. 물론 전문가의 자문이 필요할 수도 있습니다.

④ 기준

이 의사결정은 어떤 것을 기준으로 결정할 것인가? 이 내용은 공모전을 생각해 보면 좋습니다. 공모전은 접수 전에 어떤 기준으로 평가할지 결정해 놓습니다. 예를 들어, 이번 공모전의 심사 기준은 참신성 20%, 실현 가능성 50%, 예산 30%의 비율로 평가한다고 하면 참여하는 사람들은 그에 맞춰서 아이디어를 생각하고 공모작품을 준비합니다. 의사결정도 마찬가지입니다. 해당 사안은 어떤 기준으로 평가할지 먼저 의사결정 기준을 결정해야 합니다. 만약 이 기준에 대해 생각해 보지 않은 경우, 대개 의사결정 과정에서 혼란을 겪을 수밖에 없습니다. 평가 기준이 명확하지 않으면 상황이나 그때 드는 생각에 휩쓸리기 십상입니다. 더구나 여러 사람이 함께 결정해야 하는 경우는 더욱 그렇습니다. 합의된 결정 기준이 없으면 '자신의 관점에서 중요하다'라고 생각하는 기준을 주장합니다. 서로가 합의한 기준이 없이 주장이 부딪히면 갈등으로 번질 수 있습니다. 그래서 중요한 결정일수록 의사결정 과정으로 들어가기 전에 의사결정 기준을 세워야 합니다. 이 기준이 잘 세워지면 그 이후는 자연스럽게 어떤 정보를 모을 것인지, 어떤 아이디어를 낼 지가 결정됩니다. 그리고 이전에 의사결정의 중요도에 따라 그 자료를 찾고, 아이디어를 낼 것인지 가늠할 수 있습니다. 대표적인 의사결정 기준들은 중요도, 비즈니스 성과, 실행 용이성, 비용, 시급성, 시기(즉시, 단기, 중기, 장기), 선호도, 위험가능성, 시장의 크기 등이 있습니다. 이 중에서 2~3가지를 선정하거나 상황이나 여건에 따라 몇 가지를 결합해서 평가 기준들을 결정합니다. 가장 많이 알려진 것은 전략적 중요도와 실행 용이성을 두 축으로 실행 과제의 우선순위들을 결정하는 방법입니다. 또한 이 두 항목에 전략적 중요도 60%, 실행 용이성 40% 처럼 가중치를 부여할 수 있습니다.

⑤ 프로세스

앞서 이야기했던 의사결정의 기준과 중요도에 따라서 의사결정권자는 해당 사안의 의사결정과정을 설계합니다. 언제까지 자료를 수집하고, 회의가 필요하다면 언제쯤 예정하고, 그래서 최종 결정은 언제 할 것인지, 일련의 의사결정 스케줄링을 하는 것입니다. 그리고 이 내용 역시 구성원들과 공유합니다. 특히 구성원들과 관련된 의사결정이라면 언제 그 결정이 나오는지 알려주는 것이 필요합니다.

⑥ 공유

결정은 났지만, 그 결과에 관련된 사람들이 모르는 경우들이 있습니다. 의사결정으로 바뀐 내용을 토대로 업무를 하거나 작업을 진행해야 하는데, 잘 전달되지 않아서 잘못된 방식으로 진행하고 있다가 문제가 발생하면 그때야 결정 내용이 공유되지 않았다는 것을 알게 됩니다. 결정을 한 사람도, 결정을 공유받지 못했다고 생각하는 사람도 곤란한 상황입니다. 또 반대로 사람들은 궁금해하고 있지만 공유하지 않기로 한 의사결정들도 있습니다. 특히 인사에 관련된 문제들이 그렇습니다. 이런 경우는 왜 결과를 공유하지 않는지, 누구에게만 공유하기로 했는지에 대한 설명도 필요합니다. 의사결정이 나기 전에 해당 사안의 공유 범위를 결정하는 것과 의사결정 후에 공유의 대상을 결정하는 것은 다른 의미를 가집니다. 결정이 끝난 다음에 공유의 대상을 선정한다는 것은 그 자체로 오해의 소지가 큽니다. 누구에게는 불편해서 공유하지 않는다는 생각을 가질 수밖에 없습니다. 의사결정 전에 공유 대상에 대한 고려가 없다가 결정하고 나서 예상되는 파장을 생각하면 공유 정도에 대한 고민이 생깁니다. 그렇게 되면 상황 논리가 지배합니다. 결정의 파급 정도와 상황마다 공유의 대상이 달라집니다. 이렇게 되면 원칙이 없다고 사람들은 생각합니다. 그래서 상황 논리보다는 일관된 기준으로 공유 정도를 정하는 것이 구성원들의 예측 가능성, 즉 신뢰에 더 큰 영향을 줍니다. 의사결정이 나기 전에 관련된 사람들에게 어떻게 어느 정도를 누구에게 공유하겠다고 알려주고, 그 이유를 알려주어야 합니다.

의사결정 과정

이제 의사결정을 위한 의사결정 즉 사전결정 사항이 정리되면, 대안을 탐색하고 결정하는 의사결정 과정으로 넘어갑니다. 사전결정 사항들이 잘 정리되었다면, 의사결정 사안이 명확해지고, 누가 의사결정을 할 것인지, 중요도에 따라 어느 정도 에너지를 쓸 것인지, 어떤 기준으로 결정할 것인지, 관련 일정은 어떻게 되는지, 결정 후 누구에게 공유할 것인지가 결정되었다는 의미입니다. 사전 의사결정 후에는 이 내용들을 바탕으로 의사결정 과정으로 들어가면 됩니다. 의사결정을 잘한다는 것은 의사결정 과정을 잘 진행한다는 것이고 이것을 좀더 풀어서 설명하면, 의사결정을 위한 다양한 대안들을 만들고, 그 대안을 기준에 따라 평가하고, 평가를 바탕으로 결정을 내리는 것입니다. 그래서 이것을 '대안 만들기 → 대안 평가 → 결정 내리기'로 정리할 수 있습니다. 먼저 대안을 만드는 방법부터 시작해 보겠습니다.

대안 만들기

대안 만들기의 목적은 다양한 대안들을 생각해 보고, 그중에서 가능성이 높은 대안을 만드는 것입니다. 대안을 넓히는 단계에서는 평가를 유보하고 아이디어를 확산하는 데 집중합니다. 평가가 진행되면 다양한 관점이 도출되지 못합니다. 브레인스토밍의 원리와 동일합니다. 대안을 만드는 단계에서는 다양하고 새로운 아이디어 발산에 집중해야 합니다. 대안에 대한 아이디어를 낼 때는 처음에는 익숙하고 평이한 아이디어들이 나오게 마련입니다. 그러다가 익숙한 대안들이 넘어서 새로운 아이디어가 나오는 시점이 있습니다. 사전결정 단계에서 해결할 과제를 선명히 했다면 그에 맞춰서 다양한 아이디어를 생성합니다. 충분한 대안들이 나올 때까지 진행하는데, 진행 종료의 기준은 앞서 사전 결정한 에너지를 얼마나 쓸 것인지로 판단합니다. 시간을 정해놓고 대안들을 만들 수도 있고, 대안의 개수들로 기준을 삼을 수도 있습니다. 다양한 대안이 도출되었다면 다음은 대안의 분류 작업을 진행합니다. 앞서 나온 대안들을 비슷한 것끼리 묶고, 필요하다면 그 묶음에 새로운 이름을 부여합니다. 이 분류 과정에서도 새로운 아이디어를 추가할 수 있습니다. 이런 과정을 통해 충분한 대안들을 만들어 냅니다.

대안 평가

다양한 아이디어 발산, 분류를 통해 대안을 만들어 냈다면, 이제 각 대안을 평가하는 작업을 진행합니다. 대안 평가 역시 사전에 결정해 놓은 평가 기준을 가지고 진행합니다. 예를 들면 업무 우선순위 선정에 대한 의사결정을 할 때, 사전 의사결정 과정에서 시급성과 난이도, 비즈니스 임팩트를 평가 기준으로 삼았다면 평가 단계에서도 이 기준에 따라 평가하면 됩니다. 사전에 정해놓은 기준보다 더 적합한 기준이 있다고 생각되면 해당 의사결정의 목적을 기준으로 평가 기준을 다시 고려해 볼 수 있습니다. 평가 방식은 각 대안의 장단점 평가, 절대평가, 상대평가 등이 가능합니다.

결정 내리기

대안 평가가 끝나면 결정을 내립니다. 최종 결정을 내리기 중요한 고려 사항이 있습니다. 그것은 결정에 대한 구성원들의 수용도를 파악해 보는 것입니다. 결정에 대한 구성원들의 수용도가 높다면 그 결정을 실행할 때 지지를 받을 수 있지만, 만약 수용도가 높지 않다면 반대로 구성원들이 기꺼이 따르기 어려울 수 있습니다. 구성원들의 수용도는 다음과 같이 나눌 수 있습니다.

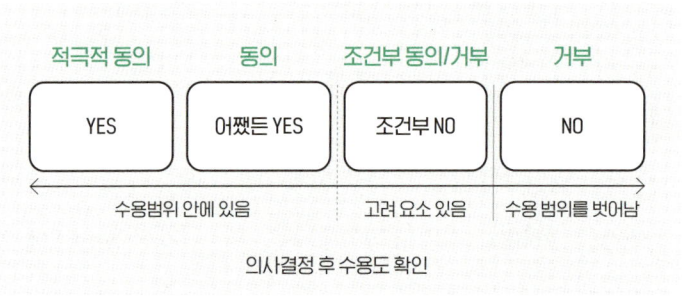

의사결정 후 수용도 확인

적극적 동의 그룹과 동의 그룹은 실행에 큰 힘이 되는 지원군들입니다. 조건부 동의/거부 그룹은 보완하거나 개선할 부분이 있다면 동의하겠다는 그룹입니다. 의사결정 전에 이들의 의견을 잘 듣고, 내용을 수정하거나 반영해 준다면 동의 그룹으로 전환될 수 있습니다. 마지막으로 거부 그룹은 실행에 큰 장애가 될 수 있습니다. 그래서 결정 전에 그들과 소통하고 그들의 거부 이유를 잘 이해해야 합니다. 이 거부 그룹에게는 그들의 거부 이유와 감정들을 충분히 이해하고, 그들이 틀리지 않았다는 메시지를 전해야 합니다. 그들이 동의하지 않는 결정에 대한 이해가 좀 더 필요하다면 설명해 주고 설득할 수 있겠지만, 설득보다는 그들의 이야기와 감정을 충분히 받아주고 이해하는 것이 더 효과적입니다. 무엇보다 적인식이 생기지 않게 하고, 또 상대가 틀리지 않았고 다른 의견과 관점이라는 것을 감정적으로 이해받으면 팀십 차원에서 접근이 가능해집니다. 그래서 결정을 내리기 전에는 충분히 의견을 개진하고, 결정이 나면 따른다는 팀십의 공감대가 중요합니다. 물론 모든 의사결정에 이런 수용도를 파악할 필요는 없습니다. 그런데 만약 의사결정 후 구성원들의 참여와 실행이 중요한 문제라면 이 과정이 꼭 필요합니다.

의사결정 후 단계 의사결정 실행

의사결정이 끝나면 실행을 위해 결정 사항을 사전에 공유하기로 한 사람들에게 알려야 합니다. 알려야 할 사람들은 특히 실행과 관련 있는 사람들입니다. 결정 사항을 알릴 때, 실행을 위한 역할도 부여해야 합니다.

이것은 RACI Matrix가 유용합니다. RACI는 Responsible 실무자, Accountable 책임자, Consulted 조언자/협의자, Informed 청취자 / 정보 수신자의 약자입니다. 어떤 결정을 실행할 때 이 4가지 역할을 설정하면 단계별 업무 진행 시 누가 어떤 역할을 담당하는지, 결정은 누가 하는지 등을 한눈에 파악하기 쉽고, 또 명확해서 역할에 대한 오해가 줄어듭니다.

RACI 모델을 적용할 때 유의할 것은 해당 업무 실행의 책임자는 꼭 있어야 하며, 보통 1명이 좋습니다. 2명 이상의 책임자가 존재하면 실행할 때 대립 시 이견조율 등의 문제가 발생합니다. 실무자는 여러 명이 가능합니다. 해당 업무 실행에서 실무자를 기입해 보면 인원이 적절한지, 모자라는지, 과한지 파악할 수 있습니다. 협의자는 해당 업무를 진행할 때 협의하거나 의견을 청취하거나 해야 하는 사람들입니다. 관련 부서가 있다면 관련 부서의 의견을 들어야 하고, 전문적 영역이라면 전문가의 조언도 들어야 합니다. 마지막으로 청취자는 실행 시, 해당 정보가 필요한 사람에게 진행 상황을 업데이트해 줘야 하는 사람들입니다. 아래는 조직문화 활성화를 위해 사내 포스터 공모전을 진행하기로 결정한 후, 공모전 진행에 대한 RACI를 작성한 예입니다.

	팀장	팀원1	팀원2	팀원3	홍보팀 디자이너	부문장
공모 개요 작성	C	R	I	I	I	A
포스터 제작	A	I	R	I	R	C
공모 접수	C	R	R	A		I
심사기준 설정	A	R	R	I	I	C
심사위원 섭외	AR	I	I	R		I
심사 진행	AR	R	R	R		I
시상식 준비	AR	R	R	R	R	I

R: 실무자 A: 책임자 C: 협의/자문 I: 정보공유

의사결정권과 성장

DRI Directly Responsible Individual 라는 방법이 있습니다. DRI는 어떤 프로젝트에든 그 프로젝트에 직접적인 책임을 지고, 결정할 수 있는 개인이 있다는 것입니다. 어느 업무든 앞서 RACI에서 책임자의 역할을 하는 사람이 언제나 단 한 명이 있다는 뜻입니다. DRI는 그 업무의 결정을 가장 잘 할 수 있는 사람에게 주어져야 합니다. 예를 들면 IT개발팀에서 유저 인터페이스 디자인을 결정할 때, 그 디자인의 결정은 그 부서의 책임자인 개발팀장이 아닌, 유저 인터페이스 전문가 팀원인 디자이너가 판단하는 것이 더 좋을 수 있습니다. 또 다른 예로, 마케팅 부서의 온라인 예산 배분 같은 경우, 시시각각 변하고 있는 상황에 대응해 SNS에 더 예산을 투입할 지, 키워드 광고에 돈을 더 쓸지 등은 담당 상무가 판단하는 것보다 현장에서 반응을 모니터링하고 있는 온라인 광고 담당자가 DRI를 갖는 것이 더 좋은 결과를 가능하게 합니다. 보통 담당자의 의견과 팀장의 의견이 다를 때, 팀장이 상사이고 그 부서의 책임자라는 이유로 결정권을 가지고 업무를 진행합니다. 이럴 경우, 누가 결정하는 것이 더 좋은 의사결정을 할 확률이 높을지 고민해 보아야 합니다.

DRI 개념을 팀장들에게 소개하면, 언제나 나오는 질문이 있습니다. '그 일에 대한 책임은 누가 지는가?', '디자이너에게 결정권을 주고 만약 결과가 안 좋으면 디자이너에게 책임을 물을 수 있느냐?', '그 사람이 결정한 것도 팀장인 내가 져야 하는가?' 같은 질문입니다. 책임은 중요한 문제입니다. 그런데 그 책임이 의미하는 것이 무엇인가를 다시 생각해 봐야 합니다. 우리 팀에서 그 사안에 가장 의사결정을 잘할 수 있을 거로 생각한 사람이 그 결정을 했다면 그게 현재 우리 팀이 결정할 수 있는 가장 좋은 의사결정이라고 인정해 주어야 합니다. 해당 의사결정의 결과는, 복잡하고 시시각각 변하는 현장에서 좋을 수도 있고 나쁠 수도 있습니다. 여기서 책임을 진다는 것은 결과가 좋았다면 왜 좋았는지 다시 분석하고, 나빴다면 이 역시 원인을 분석하고 다음번에는 어떻게 결정하는 것이 좋을지 방법을 찾아내는 리뷰에 대한 책임입니다. 책임이라는 것이 상벌이나 귀책의 의미로 가서는 DRI가 작동하지 않습니다. 팀에서 DRI가 어떤 사안에 결정을 내릴 때, 팀장이나 다른 구성원들은 그 사람이 그 결정을 가장 잘할 수 있을 거라 믿어주고, 결정을 잘할 수 있도록 의견과 제안을 주고, DRI는 그 의견들과 자신의 고민을 통해 의사결정을 내립니다. 그래서 나온 결과는 다시 피드백의 기회로 삼고, 다음에 더 좋은 결정을 내릴 수 있도록 해야 합니다. 이런 과정을 통해 DRI가 작동합니다. 그리고 그 DRI는 팀의 성장이기도 하고 조직의 성장이기도 합니다. 의사결정 결과가 나빴을 때, 비난과 질책이 따른다면 어느 누구도 의사결정을 하려고 하지 않을 것입니다. 그러면 팀장에게 의사결정권이 몰리는 결과를 낳게 됩니다.

두 번째로 나오는 질문입니다. '어떤 팀에서 경력 많은 팀장이 팀원들보다 실제로 거의 모든 의사결정을 잘 할 수 있는데, 이런 경우에는 DRI를 팀장이 모두 가져야 하는 것 아닌가?'입니다. DRI의 정의상 팀장이 해당 사안들에 대한 의사결정을 가장 잘 할 수 있는 사람이면 팀장이 의사결정 권한을 갖는 게 맞습니다. 그런데 이렇게 팀이 운영되면 팀원들의 성장이 더딜 수밖에 없습니다. 어떤 사안이든 팀장에게 보고하고 팀장이 결정하면 일은 잘 돌아가겠지만, 팀원들은 스스로 결정하지 못하고 팀장에게 의존하게 됩니다. 팀원들의 성장을 위해서는 아주 작은, 그러니까 위험요소가 적은 업무들의 DRI를 주는 것으로 시작하기를 권합니다. 위험요소가 크지 않다면 팀원에게 그 결정을 맡깁니다. 그리고 결과가 나오면 함께 피드백합니다. 잘된 점과 아쉬운 점을 이야기하며 다음 의사결정을 잘할 수 있게 돕습니다. 이러한 방식으로 의사결정권을 서서히 팀장에게서 팀원에게 이양합니다. 점점 DRI를 팀원들에게 넘기게 되면 팀원의 성장과 팀의 성장이 일어납니다.

이렇게 되면 팀장에게는 세 가지 엄청난 이점을 생깁니다. 하나는 팀원들이 성장으로 인해 팀 전체의 성과가 높아진다는 것이고, 또 하나는 팀장의 실무 업무가 줄어들면서 팀장에게 더 중요한 팀의 방향성 탐색, 새로운 전략 수립, 네트워크의 확대 등 본질적으로 팀장이 해야 하는 업무에 쏟을 시간이 확보된다는 것입니다. 그리고 팀원의 성장에 대한 만족과 책임감이 더 높아집니다. 팀에서 팀장이 팀원들에게 아주 작은 DRI부터 시작해서 점점 DRI를 이양하면, 팀원들은 성장한다고 생각하고 성취감도 크게 느낄 수 있습니다. DRI를 넘기는 방법, 다른 말로 위임은 기술이 필요합니다. DRI를 넘기는 방식이 방임이 되지 않고 위임하는 방식은 팀리더의 역할에서 다루도록 하겠습니다.

의사결정 팁

의사결정이 직업인 사람들이 있습니다. 판사들입니다. 판사들은 여러 증거 자료들과 증언, 변론을 듣고 의사결정을 하는 사람들입니다. 의사결정이 직업인 사람들은 얼마나 일관되고 객관적인 의사결정을 할 수 있을까요? 2011년 미국 국립과학원 회보에 실린 연구결과를 소개해 드립니다. 연구는 이스라엘 감옥의 가석방 승인을 담당하는 심의위원 판사들의 10개월간 가석방 승인율에 관한 내용입니다. 해당기간 가석방 승인자료 1,112건 중 평균 승인율은 35%였다고 합니다. 그런데 이 승인율을 시간대별로 자세히 분석해 보니 재미있는 결과가 나왔습니다. 아침 간식 시간 전후의 승인율과 점심 식사 시간 전후의 승인율이 깜짝 놀랄 정도로 달랐습니다. 아침 간식을 먹기 전에는 승인율은 1% 정도였는데, 간식을 먹고 나면 65%까지 올라갑니다. 또 점심을 먹기 직전의 승인율은 15%이지만 점심 식사 직후에는 65%까지 올라갑니다.

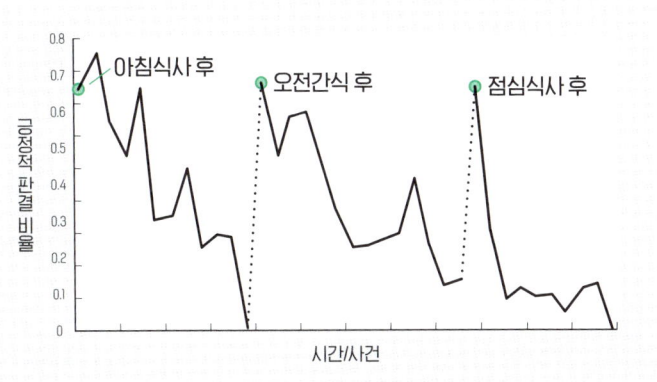

*2011년 4월 미국 국립과학원회보(PNAS)

의사결정이 직업이고 항상 객관적인 판단을 할 것으로 생각했던 판사들도 식사 유무 그러니까 배가 부른 상태와 부르지 않을 때, 아주 극명하게 의사결정에 차이를 보인다는 것입니다. 여기서 중요한 것은 우리가 의사결정할 때 몸 컨디션에 영향을 많이 받는다는 사실입니다. 그래서 우리 각자가 중요한 의사결정을 할 때, 언제 하는 것이 좋은가를 미리 결정해 놓는 것입니다. 저의 경우, 가장 이성적으로 결정할 수 있는 시간은 아침 8시 정도입니다. 가장 맑은 정신으로 에너지가 있고, 덜 감정적인 시간입니다. 여러분들은 중요한 의사결정을 할 때, 하루 중 언제 하는 게 가장 좋을까 생각해 보시기 바랍니다.

『의지력의 재발견』이라는 책의 저자인 미국의 사회심리학자 로이 바우마이스터 교수는 "인간이 하루에 내릴 수 있는 결정에는 한계가 있다"라고 주장합니다. 사람마다 의지력은 다르지만, 하루에 쓸 수 있는 총량이 있고, 의사결정 같은 행위를 할 때 그 의지력은 소모된다고 합니다. 그래서 애플의 창업자인 스티브 잡스나 페이스북의 창업자인 마크 주커버그는 아주 중요한 결정을 위해서 옷을 고르는 것에도 의지력을 쓰지 않았다고 합니다. 사람들은 주어진 의지력을 다 사용하면, 무언가 결정하거나 판단하지 못하고 무기력해지고, 유튜브 쇼츠나 음식 같은 도파민을 자극하는 활동에 빠지게 됩니다. 이럴 때는 다시 충전해야 하는데, 각자가 무엇을 하면 회복되고 리프레쉬 되는지 생각해 보아야 합니다.

PART 2 좋은 팀을 만드는 기술

6장
팀워크 기술 #4 팀 회의

팀 회의의 목적

   팀 회의의 목적은 여러 가지로 구분합니다. 이 책에서는 크게 4가지 목적으로 구분하려 합니다. 공유, 결정, 학습, 관계입니다. 이 4가지는 한 회의에서 복합적으로 일어나기도 합니다. 공유는 업무 진행 상태를 업데이트하거나 업무에 필요한 정보를 전달하는 것입니다. 대표적인 회의로는 진척도 관리 회의, 프로젝트 킥오프 회의, 오리엔테이션 회의, 전달 사항 공유 회의 등이 있습니다. 이 회의들은 정보와 상황의 공유이기 때문에 시기가 중요합니다. 진척도처럼 주기적인 관리가 필요하다면 정기 회의로 만들어 관리할 수 있습니다. 갑작스럽게 상황이 바뀌어서 신속한 정보의 공유가 필요하다면 비정기 회의가 열릴 수도 있습니다.

이때 고민해 볼 것은 진척도 관리나 급한 정보 공유를 위해 사람들이 꼭 모여야만 하는가입니다. 구성원들이 맡은 업무의 진도율이나 상태를 쉽게 공유할 수 있는 시스템이 있다면 굳이 진척도를 알기 위해서 모일 필요는 없습니다. 정보 공유시 텍스트로 전달하면 오해가 생기거나 이해가 잘 안될 것 같다는 판단이 들면 모여서 하는 게 좋습니다. 그런데 큰 문제가 없다면 진척도 자체나 정보 공유만을 위한 회의는 줄이는 게 좋습니다. 상사와의 회의를 끝내고 온 팀장이 상사의 요청 사항을 전달하기 위해 구성원들을 소집하는 경우들이 많습니다. 이런 경우 상사가 시간을 내어 내용을 잘 정리하고 메일이나 메신저를 통해 공유하면 회의를 줄일 수도 있습니다. 공유는 타이밍과 정확성이 핵심입니다. 시스템적으로 해결할 수 있다면 시스템을 만드는 것이 더 좋습니다.

결정은 의사결정을 위한 회의입니다. 문제를 분석하고 해결안을 찾는 것, 아이디어를 생성하고 대안을 선택하는 것, 이해관계나 역할을 조정하는 것 등을 다루는 회의입니다. 이런 회의는 보통 토론과 결정의 과정을 포함합니다. 서로의 의견을 이야기하고, 어떻게 하는 것이 가장 좋은 것인지 토론하고, 그 이후에 의사결정을 하는 순서로 이루어져 있습니다. 의견이 오갈 때나 의사결정을 할 때에는 갈등적 요소가 있습니다. 그래서 이런 회의들은 앞서 의사결정에서 다룬 것처럼 사전 설계가 매우 중요합니다. 의사결정을 위한 사전 의사결정으로 회의의 목표와 의사결정 기준 공유, 의사결정자 선정, 참석자들의 역할 설정 등이 선행되어야 합니다. 결정을 위한 회의는 되도록 의사 결정권을 가지고 있는 사람이 회의를 준비하는 것이 좋습니다.

학습을 위한 회의는 크게 2가지로 구분할 수 있습니다. 하나는 말 그대로 업무 관련 지식수준을 높이는 일종의 교육을 위한 회의이고, 또 하나는 업무나 프로젝트 종료 후에 진행하는 피드백 회의, 즉 회고 회의입니다. 현재 가지고 있는 지식으로 해결할 수 있는 것들이 점점 줄어들고 있고, 새롭게 학습하지 않으면 경쟁에 뒤처집니다. 새로운 전문성을 가진 사람들을 채용해서 극복하려는 노력도 있지만, 모든 것을 채용으로 해결할 수 있는 게 아니기 때문에 기존 구성원들이 학습을 통해 성장하는 것이 필수적입니다. 이 학습을 위한 회의들은 팀 단위가 효과적입니다. 노하우 전수나 새로운 기법 등을 학습해서 팀에 공유하는 회의들은 팀의 경쟁력과도 연결되어 있습니다. 특히 그중에서도 프로젝트 중간이나 종료 시점에 진행하는 피드백 회의는 가장 좋은 학습의 기회입니다. 이런 회의는 성공과 실패요인 분석, 우리가 잘한 점, 개선이 필요한 점 등에 대한 논의와 학습을 통해 '그래서 우리 업무를 어떻게 개선할 것인가' 하는 적용점을 찾는 구조로 진행됩니다.

마지막으로 관계를 위한 회의가 있습니다. 별도로 필요할 때마다 팀빌딩의 형식으로 진행할 수도 있고, 회의 시작 시 간단하게 근황들을 나누며 진행할 수도 있습니다. 가벼운 티타임이나 식사자리 등은 회의의 형식은 아니지만, 사전에 어떤 주제로 이야기하면 좋을지 고민해 보고 준비하면 더욱 유익한 시간이 될 수 있습니다. 이런 회의들은 함께 일하는 동료들을 이해하는 데 도움이 되고, 자연스럽게 팀의 심리적 안전감을 높입니다. 그 성과를 함께 만들어 가는 구성원들을 더 잘 이해하고, 함께 도우며 성장해 나가자는 모드가 필요합니다.

팀 회의의 목적과 종류

팀 회의 목적	팀 회의 종류
공유	진척도 관리, 프로젝트 킥오프, 오리엔테이션, 전달사항 공유
결정	문제 해결, 아이디어 도출, 역할/이해관계 조정 등
학습	교육 회의, 피드백 회의, 리뷰 회의 등
관계	팀빌딩, 티타임 등

위 회의 중 우리 팀에서 하는 회의를 생각해 보고, 그중에서 늘려야 하는 회의와 줄여야 하는 회의, 없애야 하는 회의, 시작해야 하는 회의를 생각해 보시기 바랍니다.

현실에서의 회의

민주적 결정 방법론샘 케이너 등, 구기욱 옮김에서는 현실에서 일어나는 잘못된 회의를 6가지로 정리했습니다. 그중 우리 직장에서 자주 일어나는 4가지 사례를 소개합니다.

익숙한 결론

가장 흔한 모습은 익숙한 결론입니다. 처음에 나오는 익숙하고 평범한 아이디어만 이야기하고 결론을 내는 것입니다. 충분한 확산 단계가 없습니다. 새로운 아이디어가 없습니다. 회의를 하지만 매번 다를 것 없는 결론으로 끝납니다.

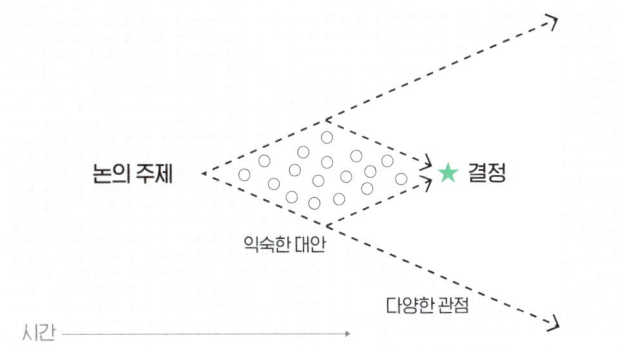

답정너 회의

팀원들을 가장 좌절시키는 이미 결론이 정해진 회의입니다. 팀원들이 어떤 이야기를 하든지 상관없이 팀장은 이미 마음속에 답을 정해 놓고 회의를 하는 것입니다. 회의가 끝나면, 회의 때 나온 아이디어와 상관없이 팀장이 결정합니다.

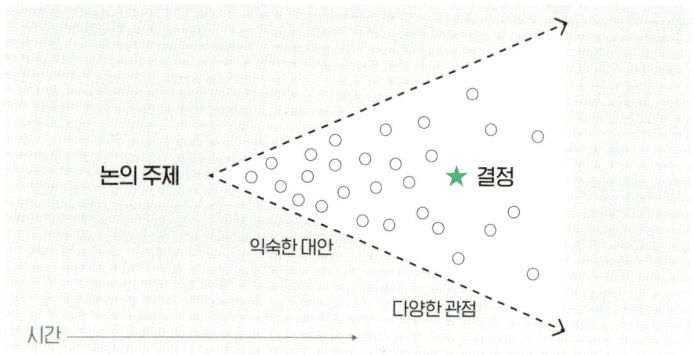

로또 찾기

새로운 아이디어를 만들어야 하는데, 실패하는 회의입니다. 확산을 위한 브레인스토밍을 할 때, 낯선 아이디어를 평가절하할 때 발생합니다. 현실적이지 않다, 바보같은 이야기다, 그거 해봤다, 말도 안된다, 등의 평가가 이어지면 심리적 안전감이 떨어지게 되고, 사람들은 입을 닫게 됩니다. 이렇게 되면 새로운 아이디어가 발산되지 않고, 이미 경험했던 안전한 선택만 하게 되어 일반적인 대안이 나옵니다. 로또처럼 좋은 참신한 아이디어가 딱 나오기를 바라고, 그게 아니면 꽝이라고 여깁니다.

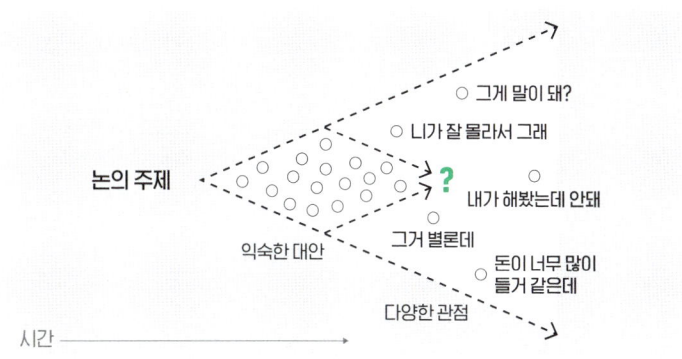

결론 없는 회의

 회의를 할 때 평가의 기준이 선명하지 않아 끝 그림을 그리지 않고, 무엇을 결론 내릴지 모른 채 각자가 자기 생각을 이야기할 때 발생합니다. 몇 시간 동안 회의를 하고 나서도 결론을 내지 못한 채 다음에 모여서 '또 이야기해봅시다'로 끝나게 됩니다.

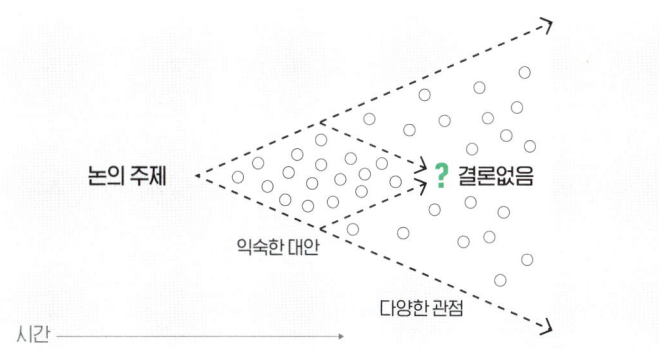

이상적인 회의 모델

　이상적인 회의는 어떤 주제에 대해 참여한 사람들이 다양한 아이디어를 내고, 서로가 그 아이디어에 아이디어를 더해서 새로운 아이디어를 만들어 팀에서 가능한 최선의 다양한 아이디어를 내고, 그것들을 잘 검토한 후에 결론을 내는 회의입니다. 이 과정을 도식화하면 아래와 같습니다.

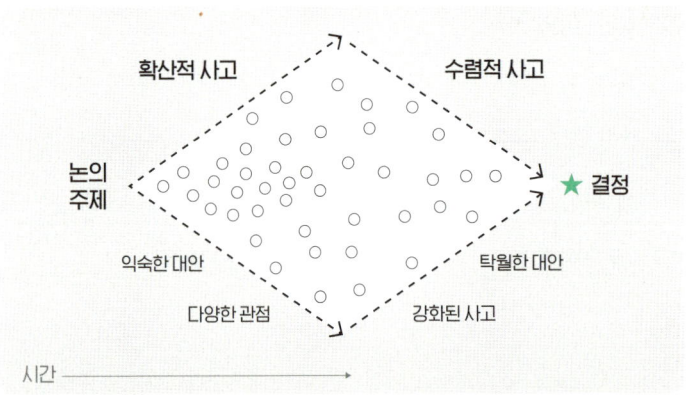

　이상적 회의는 크게 두 단계로 나뉘는데 아이디어의 확산 단계와 수렴 단계입니다. 확산 단계를 시작하면, 처음에는 익숙하고 평범한 내용들이 나옵니다. 그러다가 점점 다양하고 새로운 아이디어가 나오고, 그 아이디어들이 또다시 합쳐지고, 파생되면서 창의적인 아이디어들이 나오게 됩니다. 이것은 시너지의 과정이기도 합니다. 시너지란 앞서 팀워크의 방법 중에 서로가 가지고 있지 않은

아이디어를 서로 소통하면서 만들어 내는 과정이라고 했습니다. 충분한 아이디어가 나오면 참석자들은 시야가 넓어지고 다양한 관점을 가지게 됩니다. 이것은 또 다른 형태의 학습 과정이기도 합니다. 아이디어가 충분히 나왔으면 수렴 단계로 넘어가 아이디어들을 분류하는 작업을 합니다. 분류 작업을 통해 아이디어들은 정제가 되고, 의미가 선명해집니다. 분류된 아이디어들은 의사결정 기준에 따라 평가합니다. 평가가 끝나면 최종적인 결론을 냅니다.

확산 단계

확산 단계는 일반적으로 이야기하는 브레인스토밍과 동일하다고 생각하셔도 좋습니다. 확산 단계의 목적은 다양하고 새로운 아이디어를 도출하는 것입니다. 기존에 생각하지 못했던 아이디어들을 만들어 내고, 이 과정을 통해 참여자들의 시야와 관점이 넓어지게 됩니다.

확산 단계의 브레인스토밍 규칙
- 자유분방한 아이디어를 적극적으로 권장한다. **아이디어 수용**
- 타인의 발언을 일체 평가/비난하지 않는다. **평가/비판 금지**
- 될 수 있는 한 많은 아이디어를 내게 한다. **다다익선/질 보다 양**
- 다른 사람의 아이디어를 발전시켜 연쇄반응을 시도한다. **숟가락 얹기**
- 많은 아이디어가 나온 후 아이디어의 조합을 생각한다. **결합개선**

갈등 구간

현실에서는 확산 단계와 수렴 단계 사이에 서로의 의견이 대립하는 지점이 있습니다. 브레인스토밍까지는 잘하다가 수렴 단계로 넘어갈 때 발생합니다. 샘 케이너는 이 단계를 '갈등으로 신음하는 구간Conflict Groan Zone'이라 정의했고, 어떤 분들은 '으르렁 지대'라고 표현하기도 합니다. 회의에 참석하는 사람들이 이 갈등 구간을 어떻게 다루냐가 좋은 회의와 나쁜 회의를 가르는 핵심입니다.

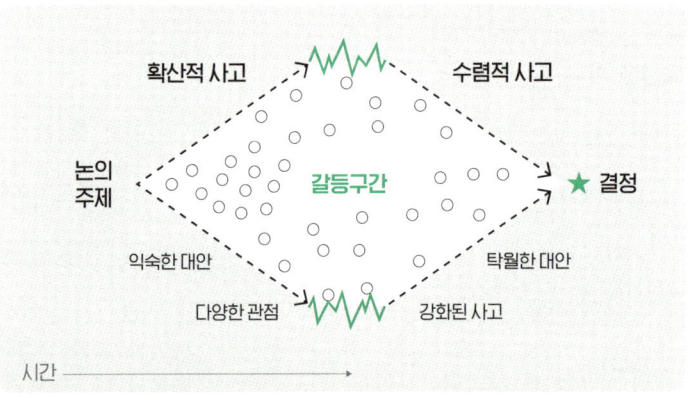

확산적 사고에서는 비판하지 않는다는 규칙이 있어서 아이디어가 잘 확산되는데, 수렴 단계로 넘어갈 때는 서로 주장을 시작하게 되면서 문제가 발생합니다. 상대가 자신의 의견이 더 좋다고 주장하는 것은 어느 정도 참아줄 수 있지만, 나의 의견이 부적절하다고 주장하면 그때부터 갈등이 시작됩니다. 이렇게 갈등이 시작되면서 상대에 대한 '적인식'이 생기면 회의는 평행선을 달리며 감정의 골

이 깊어지게 됩니다. 이 상태가 되면 말 그대로 '으르렁 지대'가 됩니다. 이 논쟁에서 언쟁으로 변해가는 으르렁 지대는 참여자들이 자기 의견의 우월성 주장, 자기 이익을 위한 주장, 상대 의견 무시, 상대 의견에 관한 무지, 상대에게 질 수 없다는 자존심 대결의 양상으로 나타납니다. 이 상태로 가면 회의가 잘 진행될 리가 없습니다.

갈등 구간이 아닌 이해 단계

    이 갈등 구간을 다루는 방법은 사실 아주 간단합니다. 확산 단계의 목적은 가능한 다양한 아이디어를 내는 것이고, 그래서 다양한 아이디어를 낼 수 있는 브레인스토밍 규칙이 적용되었습니다. 갈등 구간의 목적은 회의에서 나온 아이디어를 입체적으로 이해하는 것입니다. 이 목적에 충실하면 됩니다. 이 구간에서 굳이 내 의견이 옳다, 상대의 의견이 틀리다는 이야기를 할 필요가 없습니다. 그저 상대의 의견이 어떤 의미에서 왜 중요하다고 이야기하는지 '이해'하면 되고 '나는 그 아이디어에 대해서 이런 점이 장점이다, 혹은 이런 점이 단점이다'라고 생각되는 것을 이야기하면 됩니다. 이 구간에서 중요한 규칙 한가지는 '서로를 설득하지 않는다'입니다. 이해가 안 되는 아이디어는 질문을 통해 해소하는 것이 필요합니다. 이때 질문의 형식으로 상대의 의견을 비판하면 안됩니다. 또한 자신의 생각을 말하면서 해당 아이디어가 잘못되었다는 이야기도 할 필요가 없고 그저 '이런 단점이 있는 것 같다, 이런 게 우려된다'는 정도로 의견 제시에서 그쳐야 합니다.

참여자들은 다른 사람들의 설명을 통해 그가 왜 그렇게 생각하는지 이해하려는 노력을 하고, 만약 필요하다면 회의 진행자나 퍼실리테이터가 이해를 돕는 역할을 할 수도 있습니다. 어떤 사람이 의견을 이야기하면 퍼실리테이터가 "지금 말씀하시는 게 이런 의미인 거죠?"라고 질문하고, 의견을 제시한 사람이 "맞다" 혹은 "이런 뜻이다"라고 대답하는 것입니다. 이 의견에 대해 어떤 분이 "이런이런 단점이 있는 것 같다"라는 의견을 내면, 또 다시 퍼실리테이터가 "지금 말씀하신게 ~~ 측면이 있는데, 이런 부분이 염려된다고 하시는 거죠?" 하며 의견을 이해하는 데 집중을 합니다. '내 의견이 맞으니 당신의 생각을 바꿔라' 방식이 아니라 '지금 말씀하신 게 이런 의미이죠?'라고 이해의 과정으로 가야 합니다. 이 이해의 과정이 자신의 우월성 입증을 위한 논쟁의 장이 되어서는 안 됩니다.

동의하지 않아도 공감할 수 있습니다. 그래서 이 갈등 구간은 논쟁을 통한 설득의 장이 되어서는 안되고 서로의 생각을 이해하는 단계가 되어야 합니다. 이 과정에서 팀의 심리적 안전이 구축되어 있다면 솔직한 이야기들을 어려움 없이 이야기하게 될 것입니다. 그렇지 않다면 겉도는 이야기만 하거나 상대의 눈치를 보며 민감한 사안에 대해서는 이야기하지 못하게 됩니다. 이 갈등 구간을 으르렁 지대가 아닌 이해구간으로 전환해야 합니다.

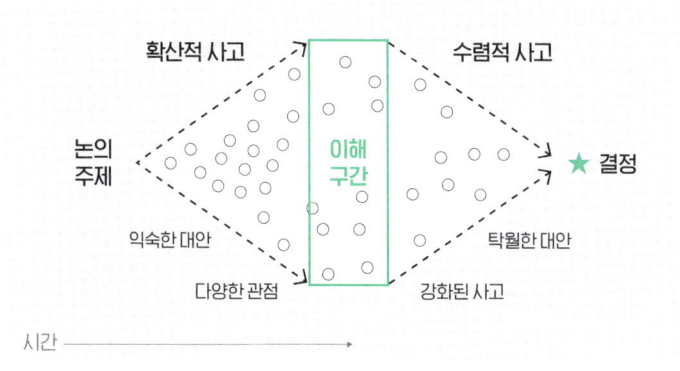

수렴 단계

이해 단계에서 나온 아이디어가 이해되었다면 이제 평가 단계인 수렴 구간으로 들어갑니다. 평가는 다양한 아이디어들을 분류하는 작업으로 시작합니다. 방법은 비슷한 의견들을 묶어서 대표적인 아이디어나 새로운 이름을 만들어 아이디어들을 정리하는 것입니다. 아이디어가 묶이지 않고 단독으로 있는 아이디어들은 단일 아이디어로 놓습니다. 앞 단계, 즉 이해 단계에서 나온 아이디어가 충분히 이해가 되었다면 분류 작업은 수월하게 진행될 수 있습니다. 만약 분류 작업에도 이견들이 있다면 서로가 왜 그렇게 생각하는지 이야기를 합니다. 이때도 무슨 의미인지 이해하는 것에 초점을 맞춰서 이야기를 나눕니다.

그럼에도 이견이 좁혀지지 않는다면 그 아이디어를 낸 사람이 어떻게 분류할지 결정하게 합니다. 1차로 분류가 완료되었다면, 2차는 평가 기준에 맞춰서 평가합니다. 대표적인 평가 기준은 비용이 얼마나 드느냐, 효과가 얼마나 큰가, 시간이 얼마나 걸리는가, 성공 가능성이 큰가, 독특하고 새로운가 등 해당 의사결정의 기준에 따라 판단합니다. 평가는 의사 결정권이 누구에게 있는지에 따라 의사결정권자가 평가를 진행합니다. 만약 리더가 하기로 했다면 평가는 리더에게 맡겨야 합니다. 만약 다수 의견을 반영하기로 했다면 참여자들이 각각의 평가권을 가지고 평가하고 합산합니다. 의사 결정권이 없는 사람들은 앞선 단계에서 자신의 의견을 충분히 알리는 데 주력하고, 평가 단계에는 관여하지 않아야 합니다. 평가가 완료되면 의사결정권자는 최종 결정을 하고, 공유합니다.

회의에서의 팀십

회의에서의 팀십도 앞서 의사결정에서 다루었던 내용과 동일합니다. 각 회의의 단계별로 적극 참여하여 자신의 의견을 내고 평가는 의사결정권자에게 맡기며, 의사결정권자가 결론을 내리면 내 생각과 같든 혹은 같지 않든 받아들이고 그 결론대로 실행하는 것입니다. 회의 단계별로 자기 역할을 다하고, 자기 의견을 사람들이 충분히 이해했다고 생각되면 내 의견과 달라도 결론을 받아들이기 쉽습니다. 반대로 본인 의견을 제대로 말하지 못했고, 참여자들이 본인의 생각을 이해도 못했다는 생각이 들면 결정 사항을 받아들이지 못할 가능성이 큽니다.

 효과적인 회의는 논쟁이 아니라 이해의 과정으로 팀의 다양한 의견과 가능성이 논의되며 의사결정을 가장 잘 내릴 수 있는 주체에게 의사결정을 맡겨서 최선의 결론을 내는 것입니다. 이러한 방식의 팀 회의는 어떤 개인이 돋보이는 것이 아니고, 팀 전체가 협력하여 시너지를 내는 것입니다. 실제로 팀 회의는 개인의 역량을 경쟁하는 자리가 아닙니다. 팀이 하나가 되어 최선의 결론을 내기 위해 노력하는 수단입니다. 그래서 어떤 아이디어가 특정 팀원에게서 나왔을 수는 있지만, 그것을 그의 것으로 생각하는 게 아니라 팀 작업의 결과물로 생각해야 합니다.

회의 준비

 회의를 잘하기 위해서는 사전에 준비를 잘 해야 합니다. 사전 의사결정과 유사합니다. 가장 먼저는 회의의 목적이 무엇인지 정하고, 회의가 끝났을 때 어떤 결과를 얻어야 하는지, 그러기 위해 어떤 순서로 회의를 진행할 것인지, 그 순서를 위해 어떤 사람들이 참여하고 어떤 역할을 해야 하는지, 그래서 얼마만큼의 시간이 필요한지를 고려해야 합니다. 회의 준비는 가능하면 해당 사안에 의사결정권을 가지고 있는 사람이 하는 게 좋습니다. 다음은 회의 준비를 할 때 활용할 수 있는 양식입니다.

의사결정을 위한 회의 준비 양식

구분	내용	
회의목적		
완료조건 설정		
참석자 역할		
참석자 선정		
회의 진행		
회의 순서	준비내용	예상 시간(분)
체크인		
정보공유		
확산		
이해		
수렴		
결정		
이후 진행 안내		
체크아웃		
총 예상 시간		

회의의 목적과 완료 조건 설정

이번 회의를 통해 얻고자 하는 것이 무엇인지 명확하게 설정해야 합니다. 이 목적을 생각하다 보면 회의가 어떻게 진행되어야 할지 계획해 볼 수 있습니다. 단순히 정보의 전달이라면 '회의까지는 필요 없이 본인이 내용을 잘 정리해서 메일이나 메신저로 전달하면 되겠다' 같이 결론이 나기도 합니다. 만약 회의가 사람들의 의견을 듣고 의사결정을 해야 하는 거라면 어떤 의견을 들을 것이고 그래서 무엇을 결정할지 생각해 보아야 합니다.

회의가 잘 끝났을 때의 모습을 그려보고 회의의 완료 조건을 설정합니다. 예를 들면, 회의 목적이 '다음 달에 진행할 영상 콘텐츠 아이템 아이디어 도출'이라면 완료 조건은 '영상 콘텐츠 아이템 3가지 결정'으로 설정할 수 있습니다. 이 회의는 결과적으로 영상 콘텐츠 아이템 3가지를 결정해야 잘 끝난 것입니다. 그래서 회의는 이 완료 조건을 향해서 진행됩니다. 완료 조건이 잘 설정되면 회의가 도중에 딴 길로 빠지지 않고 집중할 목적지가 생기게 됩니다. 만약 완료 조건이 명확하지 않다면 밀도 높은 회의가 되기 어렵습니다.

참석자 역할 설정

이러한 시나리오대로 회의를 진행했을 때, 참석자들에게 필요한 역할이 무엇인지 생각해 보고 사전에 안내합니다.

참석자 선정

회의 준비 시나리오와 참석자 역할을 생각해 보았을 때, 꼭 필요한 참석자와 있으면 좋을 수도 있는 참석자를 구분하고, 꼭 필요한 사람들에게는 참석을 요청합니다. 만약 있으면 좋을 참석자들에게는 의향을 묻고 참석 여부를 결정합니다.

체크인 check-in 방법

회의 참석자들의 컨디션을 가볍게 체크하고 함께 나눌 소식이 있다면 짧게 나눕니다. 가벼운 주제를 주고 간단히 이야기할 수도 있습니다. 이때 포인트는 참석자들이 쉽게 입을 열 수 있도록 도우면서, 참여자들의 감정과 행동 등을 살피는 것입니다. 모두가 한숨을 쉬고 서로를 바라보지 않고 고개를 숙여 메모지만 쳐다보는 상황이라면, 본격적인 회의 진행 시 어려움이 있겠다는 판단을 해야 합니다. 참여자들을 살펴보고 나면 회의의 목적과 완료조건, 진행 순서와 완료 시간을 공유하고 회의를 시작합니다.

정보 공유 방법

본격적으로 회의를 하기 위해 가장 중요한 활동이 정보 공유 작업입니다. 회의할 때 참여자가 다른 정보나 틀린 정보를 가지고 있으면 회의가 잘 진행되지 않습니다. 그래서 참여자가 꼭 알아야 하는 것을 먼저 알려주고, 그 토대 위에서 회의가 진행되어야 효과적입니다. 정보를 공유하는 것을 넘어서, 현재 상황과 의사결정 기준, 가정, 논리 등도 공유해야 합니다. 무엇을 공유할지의 기준은 앞서 설정한 회의목적과 완료조건에 도출하기 위해 참석자에게 필요한 것을 생각해 보고, 내용 공유 후에 참석자가 궁금하거나 의아하지 않게 만드는 것입니다.

이 원리를 가장 잘 이용한 회의가 아마존의 1페이저1 pager 와 6페이저6 pager 회의입니다. 이 페이저 회의를 간단히 설명하면, 말 그대로 1페이지나 6페이지짜리 회의 자료를 회의에 참석하는 사람들에게 사전에 나누어 주고, 시작할 때는 미리 읽어왔어도 회의를 시작할 때 모두가 같이 읽어서 회의에 필요한 정보를 동기화하는 것입니다. 읽는 중간에 이해가 가지 않거나 질문이 있으면 그때그때 질문하는 것이 아니라 그 부분은 체크해 두고, 끝까지 읽게 합니다. 끝까지 읽었는데도 여전히 질문이 있다면 그때 질의응답을 합니다. 가장 좋은 것은 끝까지 읽었을 때 질문이 나오지 않는 것이라고 합니다. 이 작업을 통해 참석자들은 작성자의 정보, 가정, 대안 등이 어떤 의미인지 이해하고, 같은 이해도를 갖게 됩니다.

비효율적 회의를 살펴보면 발표자가 뒤에 배치한 내용을 참여자들이 앞단에서 먼저 질문하고, 그 내용을 설명하다가 회의가 끝나게 되는 것입니다. 이것을 방지하는 규칙이 '중간에 질문이 생겨도

끝까지 읽어본다'라는 규칙입니다. 정보 공유를 꼭 아마존의 페이저 회의처럼 해야하는 것은 아니지만, 어떤 방식으로든 참여자가 회의목적을 위해 필요한 정보를 잘 공유하는 방법은 고민해 봐야 합니다.

확산 방법

앞서 정보 공유가 잘 되었다면 참석자들은 관련한 아이디어를 확산합니다. 브레인스토밍 규칙으로 진행하면 되고, 언제까지 할 것인지 알려줍니다. 예를 들면 '10분'처럼 시간으로 할 수도 있고, 아이디어 100개라는 양으로도 가능합니다. 만약 중요한 아이디어 회의라면 시간이나 양을 떠나서 더 이상 나올 것이 없을 때까지 확산하는 방법도 가능하고, 좀 더 나간다면 '1차 아이디어 확산 20분, 휴식 5분 후 2차 아이디어 확산 20분'처럼 진행도 가능합니다. 브레인스토밍, 브레인라이팅 Brain Writing, 종이에 아이디어를 쓰고 다음 사람이 그 아이디어에 아이디어를 더하는 방식, Mural이나 Miro 같은 온라인 툴을 활용하는 방법 등 아이디어 도출 목적과 참여자들을 고려하여 어떤 방식을 쓸 것인지 결정합니다.

이해 과정

아이디어가 충분히 나왔다면 이해 과정으로 넘어갑니다. 서로가 낸 의견 중 궁금한 사항이 있거나 이해가 되지 않는 부분이 있다면 질문을 통해서 나온 아이디어들을 이해합니다. 어려운 내용이 아니라면 빠르게 넘어가는 것도 가능합니다. 이때 자신의 아이디어가 더 옳다던가 상대 아이디어의 문제점을 논쟁하지 않도록 주의합니다. 의견을 말할 때에는 설득 목적이 아니라 아이디어에 대한 장점, 단점 등 다양한 관점을 입체적으로 보여주는 데 초점을 맞추도록 합니다. 이 이해 단계가 잘 진행되면 나온 아이디어들이 표면적인 이해를 넘어서 수면 아래의 내용도 이해된 상태가 됩니다. 이해 과정에 대한 시간 배정은 딱히 답이 있는 것은 아니지만, 아이디어의 다양성과 복잡성을 반영해서 시간을 예상합니다. 이 이해 단계가 사실상 회의의 핵심이 됩니다. 의사결정권자를 비롯한 참여자가 회의를 통해 나온 아이디어들이 무슨 뜻인지 서로 동일하게 이해해야 합니다.

수렴 아이디어의 정리

아이디어들에 대한 이해가 끝나면 비슷한 아이디어들을 분류하는 작업을 진행합니다. 필요하다면 각각의 아이디어에 이름을 붙여줍니다. 분류 과정에서도 질문이 오갈 수 있고, 분류 방법에 대한 이견이 있을 수 있습니다. 이때 서로의 생각을 잘 듣고 이해해도 여전히 생각이 다른 부분이 있다면 해당 아이디어를 낸 사람이 정합니다. 분류가 끝나면 평가를 시작합니다.

평가/결정

평가는 의사결정권자가 사전에 설정한 기준에 따라 평가합니다. 만약 논의를 하면서 사전에 세웠던 평가 기준보다 더 나은 평가 기준이 생겼다면 그 기준에 대해 참여자들과 이야기합니다. 평가가 끝나면 의사결정권자는 참여한 사람들의 수용도를 확인하고 최종 결정을 내립니다. 그 결정에 따라 필요하다면 의사결정 사후 단계에서 다른 RACI를 설정할 수도 있습니다. 결정 이후에 대한 계획이나 협조 사항 등을 공유합니다.

체크아웃 check-out

회의를 어떻게 마치면 좋을지에 대한 과정입니다. 회의 소감일 수도 있고, 이번 회의에 대한 가벼운 리뷰, 다음 진행에 대한 안내, 회의 참여에 대한 감사와 인정 등 회의를 어떻게 종료하면 좋을지 생각해 보고 진행합니다.

회의 준비 예시

마케팅 프로모션 진척도 점검 회의 – 공유회의

구분	내용
회의목적	마케팅 프로모션 진척도 점검 및 대응
완료조건 설정	이후 스케줄에 따른 To do list 부여
참석자 역할	현재 상황 공유 및 협조 사항 제안
참석자 선정	마케팅 프로모션 참여 팀원 전원

회의 진행		
회의 순서	준비내용	예상 시간 분
체크인	요즘 컨디션 상중하 질문/이유 나누기	5
정보공유	개별 진척도 관련 상황 공유	5
특이사항 공유	프로모션 관련 고객 미팅 내용 공유	3
관련 질의	진척도/고객 관련 질의 응답	3~5
이후 진행 안내	각자 To do list와 스케줄 공유	5
협조 사항	상호 도움이 필요한 내용 요청	3
체크아웃	다음 미팅 일정 등 확인	2
총 예상 시간		25~30

서로에 대한 이해를 위한 회의 – 관계

구분	내용
회의목적	관계를 맺는 서로의 유형 이해
완료조건 설정	향후 관계를 위해 개별 계획 공유
참석자 역할	진단 참여 및 관계를 위한 계획 나누기
참석자 선정	인재경영실 전체

회의 진행		
회의 순서	준비내용	예상 시간 분
체크인	오늘 모임의 목적 소개 및 진행순서 안내	5

회의 순서	준비내용	예상 시간(분)
관계를 위한 활동 게임, 레크레이션 등	개별 관계유형 진단 실행	20
	진단 결과 설명	30
	활동 후 느낌 나눔	10
서로에 대해 새롭게 이해하게 된 점, 알게 된 것 등 나눔	동료에 대해 새롭게 알게 된 것 등 나누기 인정과 감사	20
체크아웃	오늘 활동의 소감 나누기 및 종료 안내	5
총 예상 시간		90~100

핵심 가치 내재화 프로그램 아이디어 회의 - 결정

구분	내용
회의목적	내년 상반기 진행할 핵심 가치 내재화 프로그램 아이디어 도출
완료조건 설정	6개월 실행 할 프로그램과 월별 스케줄 초안 작성
참석자 역할	아이디어 브레인 스토밍과 평가 의견 제안
참석자 선정	인재개발팀 & 조직문화팀 전원

회의 진행		
회의 순서	준비내용	예상 시간(분)
체크인	오늘 회의 목적과 순서 소개, 참여하는 사람들의 역할, 완료조건 공유	3
정보공유 & 질의응답	현재까지 진행했던 프로그램 소개, 최근 타회사에서 진행되고 있는 사례 및 향후 방향성. 직원들 설문조사 결과 공유	15
확산 1차	프로그램 아이디어 브레인 스토밍	20
이해	아이디어에 대한 질의응답	10
확산 2차	프로그램 아이디어 브레인 스토밍 2차	20
이해	아이디어에 대한 질의응답	10
휴식	휴식	10
수렴1	아이디어 분류 작업, 평가기준(효과, 비용)에 따른 의견 공유	20

회의 순서	준비내용	예상 시간분
수렴2	월별 스케줄에 대한 의견 공유	20
결정	조직문화 팀장이 아이디어에 대한 월별 스케줄링 초안 확정	5
이후 진행 안내	초안 정리 후 멤버들에게 3일 후 공유, 공유된 내용에 대한 의견 청취	2
체크아웃	오늘 회의에 대한 소감 나누기	5
총 예상 시간		140~150

팀 회의를 잘하기 위한 팁

 복잡하고 어려운 회의는 회의 준비 계획서를 작성하는 것이 필요합니다. 그러나 만약 회의 계획서를 작성하지 못했다면 회의 시작 시 간단하게 오늘 회의의 완료 조건과 끝나는 시간 이 두 가지를 이야기하고 시작하면 좋습니다.

- "오늘 회의목적은 행사 진행 시 각자의 역할을 확정하는 것입니다. 40분 정도 회의를 진행하는데, 행사 진행에 필요한 업무를 찾아내고 개별 역할을 배분하려고 합니다."
- "오늘 회의는 프로모션 아이디어를 찾아내는 것입니다. 1시간 동안 고객에게 제안할 최종 3개의 아이디어를 도출하겠습니다."

Teamwork Rebooting … Please wait.

PART 3

좋은 팀을 만들기

리부트 하시겠습니까?

NO YES

PART 3 좋은 팀을 만들기

1장
좋은 팀을 만들기 힘들어요

사람들의 행동을 비용과 유익으로 분석하는 방법이 있습니다. 어떤 행동을 했을 때 따르는 비용과 그 행위를 통해 얻을 수 있는 유익에 따라 사람들은 의식적으로 혹은 무의식적으로 행동을 결정한다는 것입니다. 좋은 팀원이 되는 행동과 그렇지 않은 행동도 비용과 유익으로 분석할 수 있습니다. 기본적으로 사람들은 팀에서 자신에게 더 유익하다고 생각하는 행동을 합니다. 팀에서 내 의견을 이야기했는데, 그게 비난이나 질책으로 돌아온다면 사람들은 더 이상 이야기하지 않는 게 낫겠다고 생각합니다. 다른 팀원이 어려움을 겪고 있을 때 내가 나서서 돕지 않는다면 그것이 어떤 이유로든지 나에게 별로 유익이 되지 않는다는 생각이 들기 때문입니다.

이렇게 나와 상대가 매 순간 손해를 보지 않는 행동을 반복한다면 팀 구성원은 자연스럽게 손해 보지 않는 선택을 기본값으로 하게 됩니다. 특히 손실에 대한 거부 성향이 인간적인 본성 중 하나입니다. 같은 크기의 손해와 유익이 있다면, 손해 본다는 느낌이 내가 얻을 수 있는 유익보다 더 크게 다가옵니다. 팀에서 내가 손해 보지 않으려는 방식은 방어적인 태도로 연결되고, 이는 곧 관계를 어렵게 만듭니다.

또 다른 측면에서는 팀워크 기술을 모르기 때문에 좋은 팀이 되기 어렵습니다. 팀이 잘되기를 원하는 마음과 팀의 목표를 달성하기 위한 각자의 방식과 의견이 있습니다. 자신들의 의견이 팀의 목표 달성에 더 합당하다고 주장하는 사람들이 있을 때, 이 다름을 조절하는 방법을 모르면 각자의 주장을 굽히지 않고 대립하게 됩니다. 이런 상황들을 잘 다루지 못하면 갈등이 심화되고 끝내 팀은 분열하게 됩니다.

팀을 위해 함께 하겠다는 팀십과 팀워크를 위한 기술을 이해했다면, 이 토대 위에서 좋은 팀을 만드는 방법을 알아야 합니다. 실제로 팀의 문화는 어떻게 만드는지, 팀의 한방향 정렬은 어떻게 하는지, 팀의 성과는 무엇이고 어떻게 관리하는지, 팀 그라운드룰 수립과 갈등 중재 등에 대해 이해하고 적용할 수 있어야 합니다.

PART 3 좋은 팀을 만들기

2장
좋은 팀원 가이드

2014년 과잉인재효과The Too Much Talent Effect 라는 연구결과가 발표되었습니다. 콜롬비아대학교, 암스테르담 대학교, 인시아드의 연구팀들이 국제축구연맹FIFA, 미국 프로농구 협회NBA, 미국 프로야구 리그MLB의 자료를 받아 팀 내에 스타급 선수들의 숫자와 경기 결과의 상관 관계를 분석한 연구입니다. 연구진은 먼저 월드컵 팀 구성원 역량의 합과 그 팀의 피파 랭킹과의 관계를 분석했습니다. 흥미로운 결과가 있었는데, 최고 수준의 스타급 선수가 많으면 많을수록 순위가 올라가다가 그 비율이 60~70%가 넘어가면 피파 랭킹이 떨어지기 시작한 것입니다. 이러한 경향은 농구에서도 동일하게 나타났습니다. 스타급 선수의 비율이 40~50%까지는 팀 성적이 올라가다가 50%가 넘어가면 팀 성적이 저하되었습니다. 대조적으로 야구에서는 이러한 경향이 나타나지 않았습니다. 야구는 스타급 선수의 비율이 높아지면 높아질수록 팀의 성적이 우수했습니다. 연구진은 이 결과를 분석하면서 협력이 중요한 경기일수록 스타급 선수의 비율보다 상호 의존성이 결과에 더 큰 영향이 있다는 것을 입증했습니다.

이와 비슷한 실험을 경영학자인 매러디스 벨빈은 그의 저서『팀이란 무엇인가』에서 아폴로신드롬이라는 개념으로 소개했습니다. 사람들은 탁월한 인재를 모아놓고 일하면 더 좋은 결과가 있을 거라 생각합니다. 그러나 실제로 뛰어난 인재들로만 구성되어 있을 때, 오히려 평범 이하의 성과를 내는 팀들이 많다는 것을 발견했습니다. 아폴로팀의 뛰어난 인재들은 서로 자신의 능력을 인정받으려 자신의 의견을 고집하고 상대의 약점을 찾는 데 급급하며, 쓸데없는 논쟁으로 시간을 낭비하는 성향이 있다고 합니다. 이 역시 팀내 상호작용이 중요한 일에서도 팀원들의 협력이 개개인의 탁월한 능력치보다 더 중요하다는 것을 증명했습니다. 물론 스타들만 모여서 탁월한 성과를 내는 축구팀도 농구팀도, 또 아폴로 팀도 있습니다. 이런 팀의 팀원들은 자신이 인정받는 것보다 팀의 승리와 성공에 더 초점을 맞추는 팀십을 발휘했습니다. 매러디스 벨빈은 이러한 문제를 극복하기 위해서는 모두가 스타가 되는 공격수의 팀이 아닌 상호보완적인 팀을 만들고, 서로 각자의 역할을 존중하고 서로를 지원하는 체계로 만들어야 한다고 합니다. 또한 업무 능력뿐 아니라 좋은 관계와 유대감이 시너지를 위해서는 더 중요하다고 했습니다.

좋은 팀원이란

첫 번째는 당연히 자신에게 주어진 역할을 잘 감당하는 팀원입니다. 자신이 맡은 일을 제대로 하지 못하는 사람이 좋은 팀원이 될 수는 없습니다.

두 번째는 자신의 역할을 넘어서 팀에 기여하는 팀원입니다. 이것은 앞서 말씀드렸던 팀십이라는 개념과 맞닿아 있습니다. 우리가 함께 모여서 일하는 이유는 자신을 드러내기 이전에 팀의 목표를 달성하기 위한 것입니다. 팀의 목표를 생각하지 않고, 자기 일만 열심히 하는 사람들은 좋은 팀원이라고 보기 어렵습니다.

제가 30대 중반에 레스토랑을 운영했을 때의 이야기입니다. 주방의 요리사가 5명, 홀에서 서빙 하는 직원이 4명 있었습니다. 어느 날 서빙하는 직원 1명이 개인 사정으로 출근하지 못했는데 그날 따라 손님이 많이 몰렸습니다. 갑자기 주문이 들어오자 주방에서는 요리하느라 정신이 없었고, 또 홀에서도 주문을 받고 손님을 안

내하고, 서빙으로 바빴습니다. 음식이 나오기 시작하자 홀 직원이 모자라 요리 서빙이 밀리기 시작했습니다. 주방을 살펴보니, 요리사들은 음식을 어느 정도 처리했고 조금씩 여유가 생겼습니다. 그때 매니저가 주방 직원들에게 홀에서 서빙하는 것을 좀 도와 달라고 했더니, 주방에서는 '왜 우리가 음식을 서빙해야 하냐? 그건 우리 일이 아니다'라고 선을 그었습니다. 주방 직원들은 음식을 만드는 자신의 역할을 잘 감당했지만, 팀십의 개념은 없었습니다. 레스토랑의 목표는 손님들에게 음식을 통해 만족스러운 경험을 제공하는 것인데, 근본적인 목표는 중요하게 여기지 않고, 자신이 맡은 역할만 생각했던 것입니다. 팀인식이 있었다면 자신의 역할을 하는 것을 넘어서 우리의 목표에 더 집중해야 했습니다. 결국 자기 일을 잘 감당하는 것만으로는 팀이 성공하기는 어렵습니다. 좋은 팀원은 자신의 역할을 넘어 팀의 성공에 관심을 가져야 합니다.

   세 번째는 '나는 어떻게 성장할 것인가'를 고민하는 팀원입니다. 이 질문은 앞서 언급한 '나는 왜 여기서 일하는가?'라는 질문과 연결되어 있습니다. 내가 이 일을 하는 목적을 생각하면서 '나는 어떤 역량을 갖춰야 하는가?', '어떻게 그 역량을 갖출 수 있을까?'에 관해 고민해야 합니다. 팀이 성장하기 위해서는 그 팀의 구성원들도 성장해야 합니다. 같은 일을 더 효율적으로 수행하거나, 더 높은 수준의 업무들을 성취해야 합니다. 이를 위해서는 성장형 사고로 피드백을 수용하는 태도를 길러야 하며, 개발해야 할 역량에 대해 의식적인 연습이 필요합니다. 성장하지 않는 팀원과 함께 일하는 것은 지치고 고단한 일입니다.

어떻게 좋은 팀원이 될 수 있을까?

가장 중요한 것은 '나는 여기서 왜 일을 하고 있는가?'에 대한 명확한 답이 있어야 한다는 것입니다. 그저 '월급 받으니까 일한다'라는 사람들은 기본적으로 '받는 만큼 일한다'의 자세를 가지고 있습니다. 이런 자세로는 자신에게 주어진 일에 대해서만 마지못해 수행합니다. 그런데 나는 여기서 왜 일하는가에 대한 답변이 돈을 넘어서 향후 커리어에 대한 성장이나 자신의 삶의 목적에 연결되어 있으면, 이런 사람들은 지금 하고 있는 바로 그 일이 잘 되어야 하는 이유가 있고 우리 팀이 잘 되야 한다고 생각합니다. 이것은 구글의 효과적인 팀의 다섯가지 특징 중 네번째인 일에 대한 개인적 의미가 선명한 구성원입니다. 팀 효과성을 발휘하기 위해서는 팀의 성공이 개인적으로도 의미가 있어야 합니다. 그래야 자신의 역할을 넘어서 다른 사람들을 돕고, 팀의 목표에 관심을 갖고 기여하게 됩니다.

두 번째로 중요한 것은 팀의 결정에 대한 수용입니다. 함께 팀으로 일할 때 다른 기준과 가치로 일하며 다른 의견을 갖는 것은 자연스럽습니다. 그 다름 중에서 달라도 되는 것과 다르면 안되는 것이 있습니다. 달라도 되는 부분이라면 서로 인정하고 존중해 주면 됩니다. 그러나 다르면 안되는 것은 서로 합의하고 팀의 방향을 결정해야 합니다. 팀십에서 언급한 것처럼 결정하기 전까지는 충분히 의견을 이야기하고, 결정이 나면 내 선호 여부와 상관없이 그 결정을 수용하고, 실행에 적극적으로 동참해야 합니다. 그 결정이 잘되었는지에 대한 여부는 실행이 완료되고, 리뷰 시간을 통해 피드백 하면 됩니다.

세 번째로 중요한 것은 '나는 어떻게 성장할 것인가'를 고민하는 것입니다. 내가 이 일을 하는 목적을 생각하면서 '나는 어떤 역량을 갖춰야 하는가?', '어떻게 그 역량을 갖출 수 있을까?'에 관해 고민해야 합니다. 팀이 성장하기 위해서는 그 팀의 구성원들도 성장해야 합니다. 같은 일을 더 효율적으로 수행하거나, 높은 수준의 업무들을 성취해 가야 합니다. 이를 위해서 성장형 사고로 피드백을 수용하는 태도를 길러야 하며, 개발해야 하는 역량에 의식적인 연습이 필요합니다.

PART 3 좋은 팀을 만들기

3장
좋은 팀장 가이드

좋은 팀원이 되는 것도 쉽지 않지만, 좋은 팀장이 되는 것은 더 어려운 일입니다. 좋은 리더가 되는 책과 방법론들은 수도 없이 많습니다. 이번 장에서는 좋은 리더가 되는 핵심적인 개념과 방법들만 간추려 설명하겠습니다.

스티븐 코비가 주장하는 리더의 네 가지 역할 4 Roles of Leadership 을 아주 간단하게 설명하면 1) 팀이 함께 가야 할 목적지를 정하고, 2) 그 목적지를 어떻게 갈 것인지 정하며, 3) 그 목적지를 향해 팀원들이 해야 할 일을 잘할 수 있도록 돕고, 마지막으로 4) 이 과정이 잘 진행될 수 있는 환경을 조성하는 것입니다. 목적지를 정하는 것을 '목표설정', 어떻게 갈 것인가는 '전략 수립', 팀원들이 할 수 있도록 하는 것을 '실행', 잘 진행될 수 있는 환경을 구축하는 일을 '신뢰 환경구축'이라는 키워드로 다시 정리할 수 있습니다. 쉽지는 않겠지만, 이 네 가지 역할을 잘한다면 좋은 리더라 볼 수 있을 것 같습니다. 각각의 역할을 어떻게 수행해야 하는지 알아보겠습니다.

목표설정

팀마다 존재 이유가 다를 것입니다. 매년 같은 일을 반복하는 팀도 있고, 매번 새로운 프로젝트를 시작하는 팀도 있을 것입니다. 어떤 일이든 팀의 목표를 세워야 합니다. 매년 같은 일을 하는 것처럼 보이는 재무회계팀은 회사의 재무상태를 점검하여 경영자의 의사결정을 돕고 재무 관련 위험 줄이기, 투자에 대한 판단 등을 통해 기업의 재무적 상태의 건강성을 유지하기 위해 일합니다. 인사팀은 리더의 전략적 파트너로서 향후 비즈니스 목표에 따라 인재를 영입하고, 육성하고, 유지하여 회사의 최적의 인재풀을 유지, 강화하는 것을 목표로 설정하고 일할 수 있습니다. 이러한 팀의 존재 목적에 따라 해마다 각 팀은 목표를 수립하여 그 목표 달성을 위해 일합니다.

프로젝트를 기반으로 일하는 팀들은 새로운 프로젝트를 시작할 때 그 프로젝트의 끝 그림을 설정하고, 그 모습을 목표로 정합니다. 예를 들면 프로젝트의 총매출과 이익율, 프로젝트의 최종 수준과 성과물, 그리고 그 안에서 팀원들이 어떤 경험을 하고 성장할 것인지에 논의하고, 이러한 모습들을 바탕으로 목표를 정하는 것입니다. 이것을 끝 그림 그리기 혹은 비전닝visioning 과정이라고 하고 이 과정을 통해 만들어지는 목표는 그 자체로 조직에 기여하며, 이전보다 개선된 상태를 지향하고 참여하는 팀원들의 동기를 유발할 수 있어야 합니다. 우리 팀이 함께 바라보는 끝 그림을 만들어야 합니다. 이때 정량적 목표와 정성적 목표를 만들어 팀이 이루고자 하는 바를 명확하게 만들어야 하고 이 목표에 대해서 팀원들과 한 방향으로 정렬되어 있어야 합니다. 각자가 생각하는 끝 그림이 다르면 팀 안에서 혼란이 있을 수밖에 없습니다.

전략수립

목표를 정하고 나면 그 목표 달성을 위한 전략을 수립해야 합니다. 전략은 일종의 가정입니다. '어떻게 하면 목표를 달성할 수 있을까'에 대한 현재 상황의 문제 해결 논리입니다. '이렇게 관리하면 세무 위험성을 줄일 수 있다', '이렇게 하면 인재를 더 확보할 수 있다', '이렇게 하면 프로젝트의 수준을 올릴 수 있다' 등등 목표를 달성하는 방법에 관한 것입니다. 전략은 현재 상태에서 목표 달성을 위한 가정과 절차에 따른 팀원들의 역할 배분까지 포함합니다. 우리 팀이 목표를 어떻게 달성하려고 하는지 이해한다면 각자가 맡은 역할이 팀의 목표 달성에 어떤 기여를 하는지 이해할 수 있습니다. 이 과정에서 역할을 배분할 때, 개인의 선호를 반영해 주면, 동기유발 측면에서 좋습니다. 팀원 서로가 개인의 경력 목표를 공유하고, 각자가 경력상 경험해야 하는 업무나 관심 있고 도전하고 싶은 역할을 일정 부분 줄 수 있다면 팀원들은 좀 더 의욕적으로 일할 수 있습니다.

전략 수립은 가정이고 논리라고 했는데, 이 가정이 잘 작동하고 있는지 확인하는 지표가 필요합니다. 채용이라면 입사 지원율 같은 게 될 수 있고, 교육이라면 교육에 대한 만족도, 납기 준수는 프로젝트 진도율 같은 것이 될 수 있습니다. 목적지 도착이 최종 목표라면 전략 수립에 만들어야 하는 것은 현재 상태를 가늠할 수 있는 자동차의 계기판 같은 것이 필요합니다. 우리가 지금 잘하고 있는지, 못하고 있는지 혹은 무엇을 놓치고 있는지를 알 수 있게 하는 계기판을 만드는 것입니다. 계기판이 없으면 목적지를 향해 가면서 잘 가고 있는지 문제가 있는지를 파악하기도 어렵고, 논의나 합의도 쉽지 않습니다.

실행지원

　실제 실행 단계에서는 팀원이 각자 맡은 역할을 수행할 때 그들의 잠재력이 충분히 발휘되게 도와야 합니다. 이때 팀원의 상태를 파악하는 것이 중요합니다. 팀원이 업무를 진행할 때, 참고해 볼 수 있는 2X2 매트릭스가 있습니다. 한 축은 역량이고, 다른 한 축은 의지입니다. 역량은 맡은 업무를 해 낼 수 있는 지식과 기술 같은 능력이 있느냐에 대한 것이고, 의지는 일을 잘 성취하려는 동기나 태도입니다.

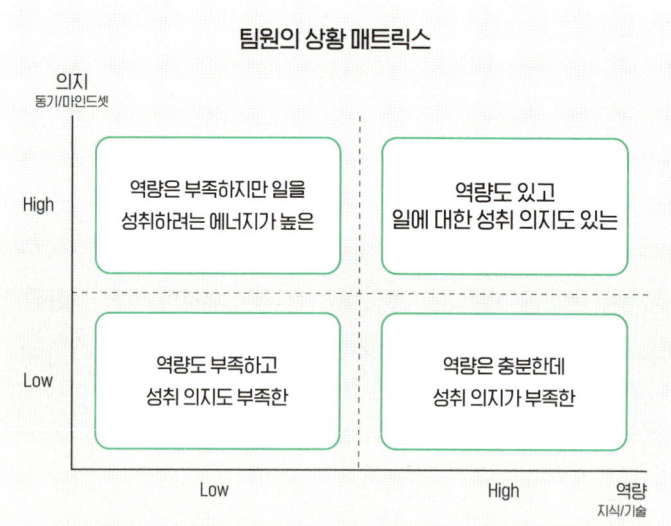

- 의지: 일을 성취하고자 하는 마음 동기/성장형 사고/감정 정도
- 역량: 특정 업무를 수행할 수 있는 지식과 기술, 창의 등의 능력 정도

위치가 다르면 다른 방식으로 접근해야 합니다. 성취 의지가 높고 역량이 부족한 사람에게는 동기를 부여하는 게 아니라 잘 가르치고 훈련해야 합니다. 반대로 역량은 높은데 성취 의지가 낮은 사람은 동기부여가 필요합니다. 일반적으로 각 영역에 접근하는 방식은 다음과 같습니다.

지원 Supporting	역량이 부족하지만 동기부여가 잘 된 사람 학습이나 성취하고자 하는 의욕이 있으므로, 목표 도달 과정을 자세히 가르쳐준다.
관리 Managing	역량도 부족하고 동기부여도 안 된 사람 업무과제를 명확히 주고, 관련된 방법을 가르치고 결과를 지속적으로 점검한다.
위임 Delegating	역량도 있고 동기부여도 된 사람 크게 방향만 제시해주고 위임한다. 일상적 영역은 맡기고, 중요 영역만 코칭한다.
동기유발 Motivating	역량은 출중한데 동기부여가 안 된 사람 의사결정에 참여시켜 아이디어와 정보 공유하고, 일하는 목적에 대한 합의, 인정과 칭찬 등으로 동기를 유발한다.

이 매트릭스에서의 지향점은 모두 우상향입니다. 역량도 의지도 충분해서 위임의 상태로 가도록 해야 합니다.

각 영역별 접근 방식에서 주의할 것들이 있습니다. 가장 먼저 관리Managing 를 할 때 기계적으로 팀원을 대해서는 안 됩니다. 사람의 가능성을 봐야 합니다. 지속적으로 점검할 때, 진보하거나 개선된 것에 대한 인정이 필요하고, 작은 성취를 맛볼 수 있게 해야 합니다.
사람이 성장하는 방식은 크게 두 가지입니다. 하나는 동기가 생겨서 역량을 키우는 것이고, 다른 하나는 역량이 커져서 동기가 생기는 것입니다. 하고 싶으면 노력하게 되는 것이 있기도 하고, 할 수 있게 되면 잘해야겠다는 생각도 듭니다. 그래서 관리 영역에서 일을 할 때는 팀원의 현재 모습뿐 아니라 그 팀원의 미래 가능성을 바라보고, 작은 성취를 이뤄낼 수 있도록 도와야 합니다.

지원 영역에 있는 사람들은 잘 가르쳐주면 됩니다. 일을 잘하고 싶어 하는 마음이 커서 배우려는 자세도 있습니다. 스스로 동기를 잘 살려 학습할 수 있도록 해야 합니다. 이때 중요한 것은 단계를 설정하거나 레벨링 Leveling 을 하는 것입니다. 초기 단계에서 끝 단계까지의 모습을 그려주고 현재 상태가 어디쯤인지, 다음 단계를 위해서는 무엇을 해야 하는지 알려줘야 합니다.

가장 어려운 것은 동기유발입니다. 이미 능력을 갖추고 있는 사람인데, 일을 잘하고 싶다는 마음이 꺾인 사람입니다. 이 영역에 있는 팀원에게 중요한 것은 왜 일에 대한 의지가 꺼졌는지를 이해하는 것입니다. 자신의 의견이 반영되지 않았을 수도 있고, 충분한 인정과 보상을 못 받았을 수도 있습니다. 아니면 마이크로 매니징이나 업무 간섭이 과하다고 생각했을 수도 있습니다. 중요한 것은 그 팀원이 어떻게 하면 주도성을 가지고 일할 수 있는 상태가 될 수 있는지 충분히 이야기해 보고 그것이 인정과 보상 또는 권한과 자율성 부여인지를 확인한 뒤 그에 적절한 방식을 협의하는 것입니다.

　무엇보다 그 일을 해낼 역량이 있다고 판단되면 믿고 맡기는 형태가 가장 효과적입니다. 이것을 위임이라고 합니다. 위임은 기술이 필요합니다. 그냥 권한을 주고 책임을 지우는 것이 아닙니다. 그러고 나면 중간에 개입하기가 어렵습니다. 그래서 필요한 것은 위임을 하되 잘 되고 있는지를 함께 논의하는 시간을 적절한 타이밍에 하는 것이 필요합니다. 그러기 위해서 위임을 할 때, 맨 먼저 함께 동의하는 결과, 즉 기대 수준을 논의하고, 중간에 잘 진행하고 있는지에 대한 중간 점검을 언제 어띤 방식으로 할 것인지 합의하는 것이 필요합니다. 중간 점검 회의 때 중요한 것은 자신과 의견이 다르다고 지시하면 안된다는 것입니다. 자신의 의견과 다른 점이 있다면 의견을 제시하되, 결정은 위임받은 당사자가 하도록 해야 합니다. 만약 이 과정에서 위임받은 사람이 자신에게 맡겨진 일을 자신이 결정할 수 없다고 생각되면 동기 수준이 떨어지고, 일에 대한 성취 의지가 꺾이게 됩니다. 위임할 때는 신뢰로 일을 맡기고 중간에 의논하는 시간을 통해 함께 해야 합니다.

　이러한 과정을 위해서는 1대1 대화가 필수입니다. 다 같이 모여서 이야기해야 할 것도 있지만 개인별로 이야기할 것도 있습니다. 1대1 미팅을 해야한다고 팀장님들에게 이야기하면 '1대1 미팅은 좀 부담스럽다', '무슨 말을 해야 할지 모르겠다', '특별한 이야기가 나오지 않는다'라면서 '시도는 해 보았지만 쉽지 않고 기대했던 결과는 나오지 않는다'라고 이야기하는 경우가 많았습니다. 1대1 대화의 가장 중요한 목적 중 하나는 현재 하는 업무에서 잠재력을 최대한 발휘하게 만드는 것입니다. 그러기 위해서는 당연히 업무에 관한 이야기도 해야겠지만, 팀원의 성장에 관한 이야기도 해야 합니다.

그래서 1대1 미팅의 두 가지 축의 하나는 업무 수행에 관한 것이고, 다른 하나는 개인의 성장입니다. 업무 수행은 앞서 보았던 팀원의 상황 2X2 매트릭스를 활용하여 이야기하면 됩니다. 팀원이 성장을 이야기할 때는 가장 먼저 팀원의 경력적 성장 목표를 이야기해야 합니다. 팀원이 어떤 경력을 이어가고 싶은지, 어떤 일을 하고 싶고 어떤 위치로 가고 싶은지, 갖추고 싶은 역량은 무엇인지 공유되면 현재 팀에서 이루고 싶은 목표와 올해 이루고 싶은 성장을 이야기합니다. 대략 분기나 반기별 정도의 성장 계획을 가지고 1대1 미팅에서 진행 상황을 공유합니다. 그때 팀장으로서 도와 줄 수 있는 것이나 조언해 줄 수 있는 것을 이야기하고, 다음 미팅까지 어떤 노력을 하고 변화를 불러올 것인지, 무엇을 확인하면 좋을지 협의를 하는 것입니다. 1대1 미팅은 잡담을 나누는 것을 넘어서 업무에 몰입하고 팀원의 성장을 위한 시간이 되어야 합니다.

신뢰 환경구축

네 번째 리더의 역할은 팀의 신뢰 환경을 구축하는 것입니다. 심리적 안전감을 기반으로 일에 몰입하고, 팀원 간 협력할 수 있는 환경을 만들어야 합니다. 심리적 안전감이 높다는 것은 서로 간 솔직한 이야기를 어렵지 않게 나눌 수 있다는 것입니다.

팀의 심리적 안전감을 높이는 방법은 어렵지 않습니다. 방법이 어렵지 않다고 해서 하기 쉽다는 뜻은 아닙니다. 팀원들이 어떤 이야기를 할 때 비난이나 질책이 아닌 인정과 이해의 표현을 하는 것입니다. 경력이 오래된 팀원일지라도 경험하지 못한 게 있다면 후배가 아는 것을 모를 수 있습니다. 모르는 것은 질문하고, 그런 질문을 장려해야 합니다. 어떤 일에 실수가 있었다면 그 실수를 빠르게 공유하고, 개선하는 작업을 적극 지원해야 합니다. 실수를 일부러 하는 사람은 없다고 생각하고, 만약 실수가 생기면 질책보다는 격려가 필요합니다. 이때 팀 리더의 행동이 모델이 됩니다. 팀장이 먼저 모르는 것을 묻고 실수를 인정하며, 다른 사람들의 질문에 잘 답해주고 개선책을 함께 찾는 모습이 있을 때 팀원들은 그 행동에 동화됩니다. 심리적 안전감을 높이는 행동을 장려하고, 심리적 안전감을 낮추는 행동은 줄이는 것입니다.

그래서 팀에서는 이러한 환경을 구축하고 협력을 강화할 수 있는 그라운드 룰이 필요합니다. 모든 것에 그라운드룰을 만들 필요는 없습니다. 서로 생각이 달라도 문제가 없는 것은 굳이 규칙으로 만들지 않아도 됩니다. 그러나 서로의 생각이 달라서 문제가 되는 부분이 있다면 이 부분에 관해서는 규칙이 필요합니다. 9시 출근이라는 간단한 규칙도 사실 사람마다 다른 기준이 있습니다. 어떤 사람은 '9시까지 도착'이 출근이라 생각하고, 또 어떤 사람은 '9시에 업무 시작'을 출근의 의미로 받아들입니다. 이때 서로를 바라보면서 불편함이 존재한다면 규칙을 만들어야 합니다. 이러한 규칙은 가능하면 초기에 만들면 좋습니다. 한 번에 모든 규칙을 생각하고 만들기는 어렵기 때문에, 생각이 다른 지점이 발생해서 함께 일하는데 문제가 될 것 같으면 논의를 통해 필요한 규칙을 만들자는 개념을 공유해야 합니다.

여러분은 팀원들에게 어떤 리더로 기억되기를 원합니까? 여러 모습이 있고, 또 사람마다 다른 인격적 특징도 있겠지만, 팀장이라면 팀의 성과를 끌어내고 팀원의 성장을 돕는 것을 지향점으로 삼아야 합니다. 그 지향점을 어떻게 이룰 것인지는 사람마다 다를 수 있지만, 그 과정에서 리더의 네 가지 역할 - 목표설정, 전략 수립, 실행지원, 신뢰 환경구축 - 을 기억하고 그 역할을 잘 감당해 내어야 하는 것은 필수입니다.

PART 3 좋은 팀을 만들기

4장
리더로서 피드백 받기

　당신은 어떤 리더입니까? 만약 팀원들에게 지금 당신에 대해 어떤 리더냐고 묻는다면 어떤 대답을 할 것 같습니까? 내가 생각하는 나와 남이 생각하는 내가 간극이 없을 수는 없지만, 크다면 문제가 생길 수 있습니다. 구성원이 리더를 평가하는 상향 평가가 있습니다. 이런 상향 평가 결과를 받아보고 충격을 받는 리더가 적지 않습니다. 구성원에 대한 서운함 뿐 아니라 배신감까지 든다는 리더들도 많이 보았습니다. 내가 생각하는 나는 꼼꼼하게 일 처리하는 사람인데, 다른 사람이 생각하는 나는 사사건건 간섭하며 마이크로 매니징하는 사람일 수 있습니다. 나는 털털하고 격의 없다고 생각했는데, 다른 사람들은 나를 무례하고 배려 없는 사람이라 생각할 수 있습니다.

나쁜 리더가 되어야겠다고 하는 사람은 없는데 나쁜 리더는 많습니다. 어떤 사연이나 배경 없이 처음부터 고의로 팀원들을 괴롭히는 팀 리더는 거의 없고, 오히려 '어떻게 하면 잘 지낼 수 있을까?' 하는 생각으로 관계를 시작합니다. 그런데 시간이 지나면 이상하게 관계가 어려워집니다. 이 상태가 되면 '내가 생각하는 나'와 '상대가 생각하는 나'가 달라져 있습니다. 이러한 관계를 해결하거나 혹은 좋은 리더, 성숙한 사람이 되기 위해서 상대방의 피드백은 꼭 필요한 시작점입니다. 상대방이 어떻게 생각하는지 알아야 내가 무엇을 바꿀 수 있을지 또는 어떻게 할 것인지 생각해 볼 수 있습니다.

피드백을 잘 받으면 우선 개인 차원에서 성숙과 개선이 일어날 가능성이 높습니다. 내가 느끼지 못했던 부분을 잘 돌아보고 그게 필요한 부분이라면 변화시켜서 성장의 계기가 됩니다. 또한 이 과정에서 상대가 나의 변화를 느낀다면 그 사람 또한 나에게 호감을 느끼게 됩니다. 그리고 피드백을 준 사람에게 감사까지 표현한다면 그 관계는 좋아질 확률이 높아집니다. 피드백을 통한 이런 변화가 리더로부터 시작되면 팀의 피드백 문화를 형성하기가 수월해집니다. 리더가 피드백을 받고 변화하고 피드백을 주는 사람에게 감사하는 과정을 팀원들이 보게 되면 팀원들도 피드백을 더 잘 수용하게 됩니다. 이렇게 피드백 문화가 만들어진 팀은 심리적 안전이 높고, 더 높은 성과를 낼 수 있는 토대가 마련됩니다. 서로가 개선할 점을 잘 이야기해 주고 그 부분이 변화되면 좋은 관계와 성과를 기대할 수 있는 팀이 됩니다.

  반대로 리더에게 피드백을 주었는데, 어떠한 변화도 없고 오히려 피드백을 준 사람에게 오해라고 하거나 불편한 감정을 보이면 어떻게 될까요? 우선 리더 자신은 개선의 기회를 잃게 됩니다. 상대는 알고 나는 모르는 영역의 이야기일 수 있는데, 그 부분을 간과하게 됩니다. 리더가 피드백을 거부하고 방어적 태도를 보이면 다음에 구성원들은 피드백을 하기 꺼립니다. 이는 팀내 피드백에도 영향을 주는데, 꼭 필요한 순간에도 피드백을 망설이고 못 하게 되는 경우가 생겨납니다. 결국 팀 구성원 간 서로의 신뢰와 의욕이 저히되고 이는 팀의 성과 하락으로 이어질 수 있습니다.

  어떻게 해야 피드백을 잘 받아들일 수 있을까요? 이에 관해서는 넷플릭스의 피드백 규칙을 참고하면 좋을 것 같습니다. 넷플릭스는 피드백이 성과와 성장을 위해 필수적이라고 여기고 이와 관련한 규칙을 만들었다고 합니다. 이는 4A 피드백인데, 피드백을 줄 때 2개의 A와 받아들일 때 2개의 A를 지키자는 것입니다. 그중 피드백을 받을 때 2개의 A는 Appreciate감사하라 와 Accept/Discard수용 또는 거절 입니다.

  먼저 피드백을 받으면 감사하라는 것입니다. 피드백을 누군가 해준다면 그 사람에게 고마워해야 합니다. 그 사람은 자신이 보거나 느낀 것을 전해준 것인데, 피드백해 보신 분들은 알겠지만, 피드백을 줄 때 편하지 않습니다. 오히려 불편한 마음이 있습니다. 그래서 용기 내어 피드백을 준 사람에게 감사하라는 이야기입니다. 그리고 가능하면 그 자리에서 즉각적인 반응은 피하고 잠시 생각할 시간을 갖는 것이 좋습니다.

받아들일 것 Accept 인지 거절할 것 Discard 인지는 피드백을 받는 사람의 몫입니다. 내 생각에 너무나 당연하고 명확한 내용의 피드백일지라도 잠시 시간을 가지고 응답할 필요가 있습니다. 이것은 피드백을 받는 사람에게 좀 더 깊은 성찰을 위해서도 좋고, 또 상대방에 대한 신뢰감도 높일 수 있습니다.

너무 뻔한 피드백이거나 잘못 이해한 내용이라도 '그 부분에 대해 내가 한 번 충분히 생각해 보겠다, 말해 주어서 감사하다'라고 반응합니다. 그리고 얼마의 시간이 지나고 적당한 때에 그 사람과 이야기할 때, '그때 나눈 이야기 곰곰이 생각해 봤는데, 이런 부분에 대해 말해 주어서 정말 고맙다. 내가 그 피드백을 받고 이런 생각이 들었다. 관련 내용 설명 후 다음에도 피드백해 주면 고맙겠다.'라고 이야기합니다.

언제 피드백이 멈추고 사라지겠습니까? 상대가 피드백을 했을 때 방어적 태도를 보이거나, 당신이 잘 못 안 거라고 핑계를 대는 등의 변명하는 태도를 보이면 '아, 이 사람한테는 말해봐야 소용없네'

하고 피드백을 멈출 것입니다. 피드백을 했는데 감정적으로 화를 내거나 아니면 낙담하는 모습을 보이면 상대방은 피드백을 머뭇거리게 될 것입니다.

　하버드 대학교 경영대학원 교수이자 하버드 경영대학원 리더십 이니셔티브 의장이었던 린다 힐 교수는 『보스의 탄생』이라는 책에서 좋은 리더가 되고 싶다면 직원들에게 솔직한 피드백을 받으라고 했습니다. 좋은 리더가 되려면 자신에게 솔직하게 피드백할 수 있는 사람을 2~3명을 확보하기를 권합니다. 리더의 역할을 한다면 피드백이 더욱더 필요합니다. 그리고 팀과 조직의 성과를 높이고 싶다면 피드백 문화를 만들어야 합니다. 그 시작은 피드백을 주는 사람에게 고마움을 전하고, 그 피드백에 대해 깊이 숙고해 보고 필요하다면 변화하는 것입니다.

PART 3 좋은 팀을 만들기

5장
팀 문화 만들기

　좋은 팀을 만든다는 것은 결국 좋은 팀 문화로 이루어진 팀을 만드는 것입니다. 팀 문화는 의식적이든 무의식적이든 팀 구성원이 반복적으로 행동하는 양식이자 팀 안에서 공유되고 있는 정서입니다. 팀에서 일어나는 행위의 패턴들이 팀십과 팀워크를 높이는 방식일 때 우리는 좋은 팀 문화가 있다, 좋은 팀이라고 이야기할 수 있습니다. 이것을 개인에게 적용한다면 좋은 습관을 만드는 것과도 유사합니다. 그래서 팀 문화는 팀의 습관을 만드는 작업이라고 볼 수도 있습니다.

　팀 문화를 만드는 원리는 크게 3단계로 나누어 볼 수 있습니다. 첫 번째는 우리 팀은 어떤 문화가 필요한가 하는 인식을 팀 구성원과 공유해야 합니다. 누군가가 이야기한다고 해서 그것이 바로 팀 문화가 되지는 않습니다. 팀 전체가 공유하고, 그것이 팀 차원과 개인 차원에서 어떤 유익이 있는지에 대해 서로가 충분히 공감해야 합니다. 이러한 인식의 공유가 부족하면 팀 내에서 저항이 생기게 됩니다. 그래서 가장 먼저 우리 팀에 필요하다고 생각하는 문화를 팀 전체와 공유해야 합니다. 팀 구성원들이 새로운 팀 문화의 필요성을 공감하게 되면, 그 다음에는 그 문화를 실제로 정착시킬 실행 규칙을 만들어야 합니다. 어떤 상황에서 누가 무엇을 어떻게 할 것인지 등을 정하고, 구성원들과 논의하면서 방법을 확정합니다.

그 후에 실행 규칙에 따라서 행동을 하고 정기적인 리뷰를 통해 지속적으로 모니터링 하고 개선해 나가야 합니다. 방법은 어렵지 않지만 실제 실행은 쉽지 않습니다. 개인이 새로운 습관을 만드는 것도 어려운데, 팀 구성원 전체가 새로운 습관을 만드는 것은 더 어려운 일이기 때문입니다.

이 과정에서 리더의 역할이 매우 중요합니다. 리더가 얼마나 참여하는가에 따라 팀원들의 헌신도가 결정되기 때문입니다. 만약에 리더가 소극적이거나 잘 참여하지 않는다면 팀원들도 그렇게 될 확률이 높습니다.

A 회사의 마케팅 팀장은 개인의 성장과 팀의 성과를 위해 꾸준한 학습과 성장이 필요하다고 생각하고 있었습니다. 또 팀원들은 각자의 전공과 관심사가 있어서 서로에게 공유하면 좋은 것이 있

다고 판단했습니다. 그래서 팀원들에게 지식 나눔이라는 이름으로 서로가 공부하고 있는 것을 공유하면 어떨까 하고 제안했습니다. 팀원들은 좀 부담스럽다는 의견도 있고, 또 다른 측면에서는 자신이 학습하고 있는 것을 정리해서 팀원들에게 공유하면 자신에게 가장 큰 공부가 될 것 같다는 이야기도 나왔습니다. 부담스럽다는 의견을 낸 팀원도 취지에는 공감하는데 다만 너무 시간을 많이 들이거나 과하지 않았으면 좋겠다는 의견을 냈습니다.

어느 정도 필요성과 이점을 공감해서, 그러면 어떤 방식으로 진행하면 좋을까의 논의로 넘어갔습니다. 매주 월요일 주간 회의 시작하기 전에 20분 정도 하면 어떻겠냐는 의견이 나왔는데, 시간이 부담스럽다는 팀원과 또 다른 팀원은 30분 정도 필요하지 않으냐는 의견이 나오기도 했습니다. 그래서 20분을 기준으로 하되, 짧게 하든 길게 하든 진행자에게 맡기자고 했고, 만약 20분을 넘어갈 것으로 예상되면 사전에 예상 시간을 공지하자고 했습니다. 지식 나눔 발표 진행 순서는 상위직급부터 시작해서 하위직급으로 했습니다. 발표가 끝나면 다음 순번의 사람에게 순서를 알려줘서 다음번에 준비하는 것을 잊지 않도록 했습니다. 그리고 모두가 한 번씩 순서대로 발표가 끝나면 그다음 시간에는 리뷰를 하면서 지식 나눔 중 좋았던 점과 아쉬운 점을 이야기하고, 다음번 지식 나눔을 어떻게 하면 좋을지에 대한 반영점을 규칙에 넣어보자고 했습니다.

실제로 진행해 보니, 생각보다 시간이 많이 소요되었고 바쁜 업무로 못하는 날들도 생겨나기도 했습니다. 그래서 이 부분을 리뷰하면서 다음 진행에 대한 개선점을 도출했습니다. 이렇게 6개월 정도 진행하니 다른 팀에서 마케팅팀을 바라볼 때 학습하는 팀 문화가 생긴 것으로 인식했습니다.

팀 문화를 만들 때 가장 중요한 것은 팀원들의 필요에 대한 인식을 공유하는 것입니다. 아무리 좋은 문화라고 하더라도 팀원들이 공감하지 못하면 만들기 어렵습니다. 팀원들과 필요성을 충분히 논의하고, 그다음 현실적인 방식을 찾아서 실행해야 합니다. 이때 모든 것을 완벽하게 정하는 방식보다는 일정 기간 실행해 보고 개선할 수 있다는 여지를 두는 것이 좋습니다. 또한 처음부터 욕심을 내서 크게 벌이는 것보다는 성취감을 느낄 수 있도록 작게 시작하는 것이 좋습니다. 정기적인 리뷰를 통해 잘한 것들에 대한 축하와 아쉬운 것에 대한 개선점을 도출하고 다음번에 반영하는 사이클이 팀 문화를 만드는 방법입니다.

PART 3 좋은 팀을 만들기

6장
팀의 한 방향 정렬

팀의 한 방향 정렬은 팀이 같은 목표, 방향성, 일하는 방식을 가지고 있다는 것을 의미합니다. 보통은 조직의 미션_{존재 이유}과 비전_{되고 싶은 것}, 핵심가치_{일을 하면서 지키고자 하는 중요한 가치}를 기준으로 큰 방향성과 원칙을 정하고 일을 실행하면서 정기적 회의, 실시간 소통 등을 통해 같은 방향으로 정렬 작업을 합니다. 이러한 작업을 여기서는 보편적으로 활용하는 MVC_{Mission, Vision, Core Value} 작업이라고 하겠습니다. 조직에 따라 미션 하위에 비전을 두는 경우도 있고, 미션은 없고 비전만 있는 경우도 있습니다. 본질적인 질문은 '그 체계가 우리 조직의 큰 방향성을 설명해 주고, 조직이 그 방향으로 나아가는 데 효과적인가?'입니다.

팀은 조직의 MVC를 실제 실행하는 가장 작은 조직 단위입니다. 팀은 당연히 조직과 동일한 방향성을 가져야 합니다. 그런데 조직의 방향성은 팀의 방향성에 비해 상대적으로 추상적이고 거대할 수밖에 없습니다. 그래서 팀은 현장에서 직접적으로 적용할 수 있는 좀 더 실제적이고 구체적인 방식으로 팀 구성원들과 한 방향 정렬을 해야 합니다. 만약 팀이 MVC 작업을 하고 그 MVC가 팀에서 의미를 가지고 방향성과 일하는 방식을 한 방향으로 만들어서 혼란이 적고 추진력이 있는 팀은 이미 한 방향 정렬이 되어 있다고 할 수 있습니다.

아직 팀이 MVC가 없거나 혹은 있어도 제 기능을 못한다면 한 방향 정렬을 위해 제안할 방법론이 있습니다. 팀 단위에서 구체적으로 적용하기 유용한 방법입니다. 모자이크 MOSAIC 라는 방법론인데 MOSAIC은 각각의 단어의 앞글자를 따서 만들었습니다.

MOSAIC 방법론

이 방법은 우리 팀이 우리의 목표를 어떻게 달성할 것인지에 대해 팀원들과 동기화해주는 방법입니다.

> Mission 임무: 우리 팀이 달성해야 하는 가장 중요한 과제
>
> Objectives 목표: 그 과제를 달성하기 위한 주요 목표들
>
> Solution/Strategy 해결책/전략: 목표를 달성하기 위한 해결책/전략
>
> Action Plan 행동 계획: 해결책/전략을 실행하기 위한 행동 계획
>
> Implementation 실행: 실행시 예상되는 문제들
>
> Control 조정: 실행하면서 발생하는 상황과 예상과 다른 지점이 발생할 때, 다시 계획을 수정하며 목표 달성을 위해 하는 조정

- **Mission** 임무/과제: 여기서 말하는 미션이란, MVC에서 말하는 미션이랑은 맥락이 다릅니다. MVC에서 말하는 존재 이유처럼 추상적 개념이 아니라 오히려 실제로 팀이 달성해야 하는 구체적 과제입니다. 게임이나 영화에서 보면 주어진 임무를 완료하면 Mission Complete 혹은 Mission Clear라고 표현하는데, 여기에 가까운 개념입니다. 조직에서 부여한 과제일 수도 있고 팀에서 합의한 과제일 수도 있습니다.

- **Objectives** 주요 목표: 주요 목표는 앞서 이야기한 우리 팀의 미션, 그러니까 우리 팀의 임무를 달성하기 위한 중요한 하위 목표들입니다. 팀 단위의 과제는 여러 사람이 함께하며 여러 업무의 복합체이기도 합니다. 그래서 그 임무를 완료하기 위해서 달성해야

하는 여러 중요한 목표들이 있습니다. 이 목표는 구체적이고 달성 유무를 판단할 수 있을 정도로 명확해야 합니다.

- **Solution/Strategy** 해결책/전략 : 목표를 어떻게 달성할 것인지에 대한 시나리오에 따른 핵심방법론입니다. 우리 팀은 주요 목표를 달성하기 위해서 어떤 방식으로 접근하고 그래서 어떻게 문제를 해결할 것인지에 대한 가정입니다. 이 전략 부분은 팀에서 충분한 논의가 필요한 부분입니다. 목표에 합의하는 것은 해결책/전략에 합의하는 것보다는 상대적으로 쉽습니다. 그런데 해결책을 이야기하면 다양한 의견이 나올 수밖에 없습니다. 팀이 매출을 20% 늘려보자는 목표에는 합의했지만 그 20%를 어떻게 늘릴 것인지에 대한 방법은 다양합니다. 어떻게 늘릴 것인지에 대한 시나리오와 가정을 기반으로 도출한 핵심적인 방법이 전략이라 말할 수 있습니다. 20% 증가를 위해 새로운 고객을 발굴한다거나 기존 고객을 대상으로 판매를 늘리거나 하는 방법 등을 팀에서 합의해야 합니다. 아니면 혼란이 발생합니다. 이 전략 부분이 팀의 한 방향 정렬에 가장 혼선을 빚을 수 있는 부분이기 때문에 팀에서는 이 전략에 대한 논의와 합의가 필요합니다.

- **Action Plan** 실행 계획 : 전략이 합의되면 전략 실행에 대한 계획을 수

립합니다. 주로 중요한 이벤트와 상황, 시점들을 고려하여 팀원들에게 역할과 자원을 배분하고, 일정을 짜는 것입니다. 전략만 잘 합의가 된다면 실행 계획은 수월하게 작성이 가능합니다. 실행 계획을 작성하면서 팀원들은 자신이 맡은 역할을 기반으로 목표달성을 위해 실제 실행 가능한 방식으로 조율합니다. 이때 의사결정 후 실행을 위한 RACI 방법을 활용하면 좋습니다.

- **Implementation** 실행 : 계획에 따라 실행을 할 때, 실행을 잘하기 위한 지원들이 무엇인지, 예상되는 어려움이 무엇인지 논의합니다. 중간중간에 어떤 도움이 필요하고, 어떤 지점이 어려운지 등을 사전에 충분히 상상해 보고, 언제 어떤 조치가 필요할지 생각해 보고, 준비할 것이 있다면 미리 대비합니다.

- **Control** 조정 : 계획을 실행하면서 피드백 과정을 미리 계획합니다. 중간 점검이라고 봐도 됩니다. 언제쯤 중간 피드백을 하는 게 좋을지 시점을 정합니다. 이 조정하는 과정을 거쳐 팀원들과 상황을 공유하고, 전략이나 계획의 수정이 필요하다면 팀과의 협의를 통해 변경합니다. 팀이 한 방향 정렬을 위해 이 MOSAIC으로 워크숍을 진행하는 상황이라면, Control 부분은 피드백 일정만 잡아도 괜찮습니다.

인재개발팀 모자이크 작성 결과 예시

M 미션
우리 회사의 팀워크 수준을 높이기

O 주요 목표
전 직원 팀워크 수강률 60% 이상 유지하기
수강한 내용 이해도를 4점 척도 3.5점 이상
현업 적용도 수준을 4점 척도 3.5 이상 유지하기

S 해결책/전략
상위 직급자의 적극적인 추천, 팀워크 과정의 실제성, 현업에 바로 적용할 수 있는 예시 개발

해결책/전략의 가정과 시나리오
① 팀워크 교육에서 수강자들이 교육에 몰입하기 위해서는 상급자들의 지원이 가장 큰 동기부여가 된다. 상급자들의 격려와 중간 점검, 그리고 교육이 완료되었을 때, 상급자와 1 on 1을 진행한다면 효과가 높아질 것이다.
② 팀워크 내용은 현업을 충분히 반영하며 강의 전달식이 아닌 실제 자신의 상황을 적용할 수 있는 방식과 콘텐츠로 구성되어야 한다.
③ 과정을 듣고 추후 활용에 대해 실제 적용할 수 있는 계획들을 세우는 시간이 필요하다. 그래야 실제로 현장에서 반영될 수 있을 것이다.
③ 사후 과제와 그에 대한 피드백이 제공되면 수강자들이 배웠던 개념을 다시 떠올리고, 개념을 적용하는 데 도움이 될 것이다.

A 실행 계획
주요 업무와 일정, 각 담당자 RACI

주요 업무	일정	책임자	실무자	협조자	정보 공유자
상급자 1 on 1 가이드 작성	7.1~7.30	팀장	팀원 A, B	현업 팀장 3~4	인재경영실장, 강사
팀워크 컨텐츠 리뉴얼	7.1~8.15	팀장	팀장, 팀원 C	현업 팀원 3~4 그룹	강사

주요 업무	일정	책임자	실무자	협조자	정보 공유자
팀워크 수강 모집 안내	8.1~8.20	팀원 A	팀원 B	해당 팀장 전체, HR팀	강사, 팀장
팀워크 과정 진행	9.1~9.30까지 매주 1회 총 4회	팀원 A	강사, 팀원 B	입과 팀원이 있는 팀장 전체	팀장
과제 피드백	10.1~10.21	팀원 A	팀원 C	수강자	강사, 팀장
현업적용도 조사	10.21~28	팀원 A	팀원 C	수강자	강사, 팀장
전체 과정 리뷰	10.30	팀장	모두	인재경영실장	HR 팀장

I 실행시 예상되는 어려움과 대비책
예상 문제와 대비책

상급자 1 on 1 가이드는 실제적인 형태로 작성되어야 하는데 현업 팀장들의 인터뷰가 중요하다. 만약 가이드와 팀장들의 상황이 맞지 않으면 팀장들에게 혼란과 업무 과중으로 이어진다. 작성 전 현장 팀장들의 의견을 충분히 듣고, 작성 후에도 팀장들의 피드백을 받아야 한다.

- **팀워크 콘텐츠 리뉴얼**: 타사 사례들이나 글로벌 사례를 줄이고, 우리 회사의 현장 사례들이 많이 들어가 있어야 한다.
- **수강자 모집**: 수강자가 억지로 들어야 한다는 느낌을 받지 않아야 한다. 직원들이 이 과정을 회사의 혜택으로 인식할 수 있어야 한다. 이전 참여자들의 생생한 후기와 현업에 어떤 도움이 되었는지에 관한 내용으로 홍보한다.
- **팀워크 과정 진행**: 바쁜 업무와 일정으로 인한 노쇼 방지가 중요하다. 사전에 상기시키는 안내 작업이 필요하다.

C 리뷰와 피드백을 위한 예정 일정 잡기
중간 피드백 일정

해당 업무가 시작되기 3일 전 진행기획서를 가지고 책임자와 논의하여 진행 방법 협의, 진행 업무 중간지점이나 혹은 예상과 다른 상황 발생하여 진행계획 수정이 필요하면 그때그때 협의하고, 전체 과정 리뷰시 해당 업무에 대한 리뷰와 피드백을 진행한다.

프로젝트를 시작할 때 팀이 함께 이 모자이크 작업을 하면 팀의 목표와 달성 방법, 자신의 역할과 전체적인 계획 등을 파악할 수 있습니다. 물론 이 작업이 팀의 방향성을 정렬할 때 모든 것을 해결해 주는 것은 아닙니다만, 팀 초기에 이 작업을 통해 팀의 목표와 달성해야 하는 것, 어떻게 달성할 것인가를 의미 있게 논의할 수 있게 돕고, 팀이 업무를 수행할 때, 혼란을 줄이는 방법입니다. 그리고 리더와 구성원이 이 모자이크 작업을 통해 한 방향으로 정렬이 되고, 잘 작성되었다고 생각한다면, 팀원에게 이 일의 진행을 위임할 수 있습니다. 팀원에게 위임할 때 방임이 되지 않게 하려면 리더는 이 모자이크 계획서를 함께 만들고, 중간에 리뷰와 피드백을 위한 Control 일자에 진행 상황을 공유하고, 필요한 조처를 하면 됩니다. 만약에 Control 미팅 이전에 MOSAIC이 처음 예상과 달라져, 목표나 해결책, 혹은 계획을 수정해야 한다면 리더가 함께 변화가 필요한 부분에 대해 논의하면 됩니다.

PART 3 좋은 팀을 만들기

7장
팀 성과 관리

　성과란 무엇입니까? 성과란 말이 현장에서 다양한 의미를 가지고 각각의 맥락에서 다르게 해석됩니다. 그래서 성과의 의미부터 정리하고 시작하겠습니다. 이 책에서 말하는 성과란 '목표 달성을 위한 계획과 그 계획의 실행을 통해 얻은 결과'라 정의하겠습니다. 적지 않은 경우, 결과만 보고 성과가 좋다, 나쁘다를 판단하지만 성과는 단순히 결과만을 의미하는 것이 아닙니다. 성과를 다시 풀어서 설명하면 조직의 목적을 달성하는 데 기여하는 목표를 설정하고, 그 목표를 달성하기 위한 과정을 계획하고 그 계획을 실행해서 얻은 결과입니다. 그래서 성과를 평가하기 위해서는 성과 목표와 그 목표를 달성하기 위한 계획과 실행, 실제 나온 결과가 어떻게 조직과 팀의 목적 달성에 기여했는지에 대해 함께 다루어야 합니다.

결과 없이 과정만 이야기해서도 안 되고, 과정 없이 결과만 이야기해서도 안 됩니다. 그리고 가장 중요한 것은 성과 목표와 결과가 상위 목표에 어떻게 연결되어 있고, 얼마나 기여했는지를 평가하는 것입니다. 하려고 한 일과 조직의 목표와의 연결성을 통해 기대했던 목표를 어느 수준으로 달성했는가를 종합적으로 살펴보는 것이 필요합니다.

성과를 관리한다는 것은 결국 우리가 원하는 목표를 높은 수준으로 달성할 수 있도록 돕는 과정입니다. 높은 수준의 결과를 얻기 위해서는 당연히 목표 달성 계획과 실제 실행이 잘되어야 합니다. 계획을 실행하면서 나오는 정보들이 '이렇게 하면 목표 달성이 가능하겠는데'라고 생각되면 계획대로 진행하고, 반대로 '이렇게 하면 목표 달성이 어렵겠는데'라는 판단이 들면 계획을 수정해야 합니다. 성과 관리의 실제적인 모습은 이렇게 계획을 실행하면서 나오는 결과를 바탕으로 다시 계획을 수정해 나가는 것입니다. 현재 상황이 목표를 달성하지 못할 것 같으면 재빨리 다른 방법을 찾아야 합니다. 이 성과 관리의 개념을 팀으로 확장해도 동일합니다. 팀 성과 관리는 팀이 정한 목표의 달성 수준이나 확률을 높이는 일련의 활동입니다. 팀 목표를 어떻게 하면 더 높은 수준으로 달성할 수 있느냐에 대한 방법을 찾고 실행하여 목표를 높은 수준으로 달성해 나가는 것입니다.

특히 팀장은 팀원 개인에게 성과 목표를 던져 놓고 나중에 잘했는지 못 했는지를 판단하는 사람이 아닙니다. 이러한 형태는 팀이라기보다는 개인의 목표를 모아놓은 단위일 뿐입니다. 팀은 어떻게든 높은 성과를 낼 수 있도록 함께 노력하고 만약 부진한 팀원이 있다면 서로 도와야 합니다. 팀이 함께 목표를 설정하고, 계획 수립에 함께 아이디어를 내고, 실행을 함께 지원해서 더 높은 수준의 결과를 얻도록 해야 합니다. 각 개인의 능력보다 함께 일할 때 더 큰 결과를 얻을 수 있어야 팀으로 일하는 의미가 있습니다. 이 과정에서 팀장이나 팀원들이 가지고 있는 경험과 강점을 살릴 때 각 개인이 개별적으로 실행하는 방식보다 더 높은 성과를 기대할 수 있고 이것이 팀으로 일하는 이유입니다.

앞서 언급한 과정을 통해 나온 달성한 최종 결과가 조직의 목표에 얼마나 기여했는지가 성과의 수준입니다. 앞서 팀의 한 방향 정렬에서 소개한 MOSAIC에 따라 일하는 것이 성과를 만드는 실제적인 과정입니다. 이 과정을 통해 목표를 높은 수준으로 달성해 나가기 위해 계획과 실행을 조정해 나가는 과정이 성과를 관리하는 것입니다.

성과는 측정이 쉬운 것이 있고 어려운 것이 있습니다. 보험이나 자동차 영업같이 분명하게 숫자로 나오는 목표인 경우 성과를 판단하기 어렵지 않습니다. 그런데 매출 30%를 높이자는 목표를 가진 마케팅 팀이 있다고 가정해 봅시다. 팀원이 역할을 나누어 SNS 포스팅을 하고 블로거 초청행사, 온라인 광고, 오프라인 광고를 진행한다면 각 팀원의 역할이 매출 증가에 얼마나 기여했는지 측정하는 것은 쉽지 않습니다.

그래서 매출 달성의 하위 지표인 SNS 포스팅 몇 개, 좋아요와 공유의 숫자, 행사 참여자, 광고의 타겟 반응, 노출 정도 등등을 통해 간접적으로 측정합니다. 그런데 이 하위 지표를 달성한다고 해서 상위 목표인 매출에 대한 기여도를 판단하기는 여전히 어렵습니다. 또한 이 지표의 목표를 달성한다고 해서 일을 잘한 것인가 혹은 달성하지 못했다면 일을 못한 것인가라는 평가 또한 어렵습니다. 또 다른 예로, 어떤 인사팀에서 팀원들이 채용을 위해 SNS 활동, 채용 박람회 부스 운영, 채용 사이트 광고, 찾아가는 채용 설명회를 진행하고 그 결과로 지원자가 200명이 왔습니다. 각 팀원이 했던 업무가 200명이 지원했을 때 얼마만큼 기여했는지 정확히는 알 수가 없습니다.

물론 이때도 각 업무마다 주요 측정 지표가 있겠지만, 그 지표들을 달성한다고 해서 목표에 어떻게 기여했는지 정확히 판단하기는 어렵습니다. 더욱이 본질적으로 채용의 목적이 회사의 비즈니스 전략을 실행할 인재를 확보하는 것인데, 좋은 인재의 확보 측면에서 어느 정도 부합하는지는 실제로 일에 투입된 후 한참 후에나 알 수 있습니다. 그래서 팀에서 어떤 목표들에 대한 기여도는 측정하기 어렵다는 것을 인정해야 합니다.

또한 목표설정 자체도 깊이 생각해 볼 필요가 있습니다. 고급 자동차 영업을 한다고 가정하면, 각각의 목표를 판매 대수나 작년 대비 판매 증가율로 설정하는 것이 간단하고 명확해 보이지만, 실제로는 그렇지 않습니다. 부자가 많은 지역을 대상으로 영업할 때, 50의 노력으로 10대를 판매할 수 있다면, 가난한 지역에서는 100의 노력을 해도 2대 판매가 쉽지 않을 수 있습니다. 이 경우 단순히 판매 대수나 매출 증가율로만 평가하고 보상한다면 팀에서 어떤 현상이 일어나겠습니까? 상대적으로 성과가 높이 나올 수 있는 지역을 선호하고, 그렇지 않은 지역은 피하게 됩니다. 지역에 따라서 1대 판매의 의미가 다른데, 동일한 의미의 목표를 부여할 때 발생하는 문제입니다. 100의 노력을 해서 2의 결과를 얻은 팀원이 50의 노력을 해서 10의 결과를 얻은 팀원보다 낮은 평가를 받으면 하나의 팀으로 기능하기 어렵게 됩니다. 결과를 평가하는 것이 당연히 중요하지만 결과만 평가해서는 부작용이 발생합니다.

다시 처음으로 돌아가서 성과를 평가한다는 것은 결과 평가뿐 아니라 그 결과와 과정을 어떻게 연결했는지, 그 과정을 어떻게 진행했는지에 대한 평가도 함께해야 합니다. 그래서 성과 평가는 보상을 목적으로 하는 평가가 되어서는 안 됩니다. 성과 평가의 지향점은 목표설정 자체에 대한 적절성우리가 올바른 목표를 세웠는가, 목표 달성을 위한 하위 지표들의 적절성목표와 지표는 어느 정도의 상관관계를 가지고 있는가?, 그 목표 달성의 전략과 가정, 시나리오지표 달성의 방법론, 실행 과정에서 좋았던 점과 아쉬운 점을 리뷰하고 잘한 것을 인정해 주고 개선할 점을 어떻게 반영할 것인지에 관한 학습의 기회입니다. 이 역시 MOSAIC을 통해 리뷰하면 좋습니다.

성과 리뷰질문

M 팀의 임무/과업 설정이 상위 조직의 미션과 잘 연결되었는가?

O 팀의 임무 달성을 위한 하위 목표/지표들이 적절하게 설정되었는가?

S 지표 달성을 위한 가정, 해결책, 전략은 유효했는가?

A 전략에 따른 역할, 일정, 자원 배분은 잘 되었는가?

I 실행을 하면서 어떤 점들이 유효했고, 또 어떤 점들이 가정과 달랐는가?

C 어떤 시점에서 피드백이 필요했고, 어느 시기에 했어야 했는가?

이러한 성과 리뷰의 목적은 보상이 아닌 팀이 어떻게 더 높은 수준으로 목표를 달성할 것인가를 학습하는 장으로 만들어야 합니다. 그래서 팀장은 일을 맡겨놓고, 끝나면 잘했는지 못했는지 평가하는 판사의 역할이 아니라 팀원들과 함께 성과를 창출하는 데 있어서 함께 MOSAIC을 함께 실행하는 리더가 되어야 합니다. 성과 리뷰의 시간은 MOSAIC을 만들 때 미리 정하면 좋습니다.

요즘은 OKR Objectives and Key Result 처럼 성과와 보상을 직접 연결하지 않는 경향이 확산되고 있습니다. 기존의 성과 평가 방식의 문제 때문에 그렇습니다. 성과 평가와 보상을 연결할 때 평가 왜곡이 발생하고 정확한 평가가 어려울 뿐만 아니라 이 결과를 상대평가로 연결하면 구성원들이 공정성 이슈를 제기하고 반발합니다. OKR 같은 제도는 과감한 목표설정이 중요한데, 목표 달성 여부를 직접 평가의 대상으로 삼으면 사람들은 목표를 높게 잡지 않습니다. 그래서 인사 평가는 성과와 직접 연결이 아닌 참고 사항으로 혹은 간접 자료로 활용해야 합니다.

PART 3 좋은 팀을 만들기

8장
1대1 미팅

　1대1 미팅은 리더와 팀원이 직접적으로 소통해서 성과와 관계의 수준을 높일 수 있는 중요한 방법입니다. 하지만 많은 사람들은 1대1 미팅을 부담스럽고 불편하게 느낍니다. 아마도 대부분의 직장인이 1대1 미팅에 대한 좋은 기억이 별로 없기 때문일 것입니다. 많은 경우 1대1 미팅은 팀장에게 불려 가서 지시나 지적을 받는 자리이거나, 연말 성과 평가에 대한 불편한 면담이었을 가능성이 큽니다.

　그래서 1대1 미팅을 하자고 하면, 팀원들은 걱정하고 긴장합니다. 리더 역시 1대1 미팅이 어색하고 어떻게 해야 할지 몰라 답답함을 느낍니다. 게다가 실무를 겸하는 리더들은 일하기도 바빠서 팀원들과 만날 시간을 내는 것 자체가 어렵습니다. 최근에는 '1 on 1'이라는 표현으로 1대1 미팅의 필요성과 중요성이 강조되고 있지만,

막상 시도하기는 부담스럽고 마음은 먹더라도 어디서부터 시작해야 할지 막막할 수 있습니다. 이번 파트에서는 1대1 미팅의 목적과 목표를 알아보고, 어떻게 시작하고 진행해야 할지 이야기 나누어 보겠습니다.

여기서 다룰 1대1 미팅의 목적은 팀원의 성장을 주요 주제로 한 관계 강화입니다. 이 과정을 통해 팀원의 업무 몰입과 팀의 심리적 안전이 올라갑니다. 성장은 본질적으로 개인의 몫입니다. 누가 대신 성장해 줄 수 없습니다. 하지만 누군가가 자신의 성장을 진심으로 응원해 주고, 도와줄 수 있는 것들을 묻고 가능한 부분을 지원해 준다면 팀원은 어떻게 느낄까요? 그리고 그 과정에서 성장하고 있다고 느낀다면 그 관계는 어떻게 될까요? 이러한 사람들이 함께 일할 때 협력과 몰입의 수준은 자연스럽게 높아질 확률이 높습니다. 앞서 언급한 Katzenbach와 Smith의 팀 효과성 모델1993 처럼 효과적인 팀의 세 가지 결과물은 성과, 높은 수준의 결과물, 그리고 구성원의 성장입니다. 이 세 가지가 이루어질 때 팀이 지속적으로 좋은 결과를 낼 수 있으며, 특히 상대적으로 덜 중요하게 여겨졌던 구성원의 성장을 돕는 것은 팀 효과성을 높이는 데 매우 중요한 역할을 합니다.

1대1 미팅은 팀원에게 초점이 맞춰져 있어야 합니다. 이 시간을 통해서 리더는 팀원이 어떤 생각을 하고, 어떻게 느끼고 있고, 무엇을 원하는지 충분히 이해해야 합니다. 그래서 1대1 미팅이 끝나고 나면 팀원은 '리더가 나를 이해하려고 노력하고 있구나, 나를 존중하고, 또 내 성장과 잘되는 것에 진심으로 관심이 있구나'라고 느낄 수 있어야 합니다. 반대로 1대1 미팅이 끝났는데, 팀원의 머릿속에 '결국 내 이야기를 들어주는 척하면서 리더가 하고 싶은 대로 하려고 하는구나, 내 이야기를 잘 이해하지 못하는구나, 자기 이야기만 하네'라고 인식이 되면 앞으로 1대1 미팅은 쉽지 않을 것입니다. 리더는 이 두 모습을 머릿속으로 그리고 미팅을 진행해야 합니다. 그러기 위해서는 하고 싶은 말이 있어도 좀 참아야 할 때가 있습니다. 리더의 생각을 전하는 것이 아니라 팀원의 생각을 온전히 이해하는 것을 목표로 해야 합니다.

 그렇다고 리더가 필요하다고 생각하는 말을 전혀 하지 말라는 것은 아닙니다. 다만 그 말을 전하는 때를 1대1 미팅에서가 아니라 별도의 시간에 하면 됩니다. 1대1 미팅 자체는 팀원이 온전히 이해받았다는 시간으로 인식하게 해야 그 시간을 꺼리지 않게 됩니다. 리더가 필요하다고 생각하는 말은 1대1 미팅이 끝나고 난 뒤 다음에 나올 BTS Between The Session, 미팅과 미팅 사이 에 하면 됩니다. 미팅이 끝나고 나서 미팅을 회고하면서 꼭 전해야 할 내용이라고 하면, 앞서 피드백 부분에서 말씀드린 것처럼 의도와 목적을 잘 생각해 보고 그 생각을 잘 정리해서 전달해 주면 됩니다. 하고 싶은 말이 있어도

1대1 미팅에서는 자제를 하고, 다른 자리에서 전하는 것이 효과적입니다.

1대1 미팅은 주로 코칭 방법론을 기반으로 진행됩니다. 코칭 방법론은 팀원이 스스로 문제를 해결할 수 있도록 질문을 통해 팀원의 생각을 이끌어 내고 팀원 자신이 결론을 내는 방식입니다. 이 접근법은 자기 주도성을 강화하고 실행력을 높이는 데 효과적입니다. 하지만 1대1 미팅이 코칭만으로 이루어져야 하는 것은 아닙니다. 중요한 것은 팀원이 무엇을 원하는지 묻고, 그에 맞는 역할을 하는 것입니다.

예를 들어, 경력 목표를 설정할 때 팀원이 고민하고 있다면 코칭을 통해 질문하는 것도 좋지만, 팀원은 경험이 많은 팀장의 생각을 궁금해할 수도 있습니다. 그럴 때는 팀장으로서 자기 생각을 공유해도 좋습니다. 단, 주의할 점은 팀원이 원하고 요청했느냐입니다. 리더가 필요하다고 생각해서 이야기하는 것이 아니라, 팀원이 요청할 때 이야기해야 합니다. 정리하면, 1대1 미팅은 팀원의 생각과 상황을 이해하고 공감하며 지지하고, 리더로서 도울 수 있는 부분이 있다면 지원하는 시간입니다.

처음에는 심리적으로 불안하고 1대1 미팅의 경험이 없고 낯설어서 매끄러운 대화가 이루어지지 않을 수 있습니다. 하지만 미팅이 반복되면서 신뢰가 형성되고, 심리적 안전이 확보되면 점점 더 의미 있는 시간이 될 것입니다. 제가 들어 본 1대1 미팅에 대한 최고의 찬사 중 하나는 "우리 회사의 최고의 복지는 팀장과의 1대1 미팅이다"라는 말이었습니다. 성장에 가치를 두고 이 시간을 통해 의미 있는 성장을 이루는 팀원들에게는 정말로 1대1 미팅이 회사에서 가장 큰 유익이었을 것 같습니다. 그 팀원에게 팀장이 사용한 시간은 한 달에 2번, 한 시간씩 총 2시간입니다.

앞서 1대1 미팅의 주요 주제는 '성장'이라고 했습니다만, 반드시 성장만 다뤄야 하는 것은 아닙니다. 때로는 업무 진행에 관한 이야기일 수도 있고, 다른 팀원과의 관계, 개인적 어려움이나 건강, 취미에 관한 이야기일 수도 있습니다. 중요한 것은 팀원이 원하는 주제여야 한다는 점입니다. 만약 팀원이 이야기하고 싶은 주제가 없다면 억지로 1대1 미팅을 진행하지 않는 것이 좋습니다.

1대1 미팅을 팀 운영의 주요 도구로 사용할 리더라면 긴 호흡으로 계획해야 합니다. 한두 번 해 보고 효과가 있으면 계속하겠다는 생각이 아니라, 팀을 이끄는 동안 지속적이고 정기적으로 진행하겠다는 마음가짐이 필요합니다. 생각날 때마다 하는 것이 아니라, 구체적인 요일과 시간, 주기를 정해야 합니다.

실리콘밸리의 많은 회사들은 1대1 미팅을 리더의 주요 업무로 정하고 있습니다. 『아마존 팀장 수업』의 저자 김태강 작가는 매주 상사와 1대1 미팅을 진행했으며, 이것이 가장 흥미로운 제도였다고 책에서 설명합니다. 어떤 회사는 팀 규모를 정할 때 팀장과 팀원이 2주에 한 번, 30분 정도 진행할 수 있는 팀원 수가 적절하다고 생각하며 2주에 한 번 1대1 미팅을 할 수 없다면 리더의 관리가 벗어난 규모라고 판단하기도 합니다.

1대1 미팅 주기는 처음 시작할 때는 2주 단위로 진행해 보고, 정말 어렵다면 월 1회를 권장합니다. 진행 시간은 1시간을 기본으로 설정하되, 시간이 부족하더라도 최소 30분은 확보해야 합니다. 팀원이 쫓기는 느낌이 들지 않도록, 여유로운 분위기에서 충분히 이야기를 나눌 수 있어야 합니다. 업무 처리처럼 '빨리빨리'의 느낌이 아니라, 편안하고 여유로운 시간으로 만들어야 합니다. 장소는 두 사람이 모두 대화에 집중할 수 있는 장소이면서, 일상 업무 공간과는 다른 곳을 택하는 것이 좋습니다. 이때 장소는 팀원이 대화하기 좋은 장소를 선택하고 알려달라고 요청하는 것도 좋은 팁입니다.

1대1 미팅을 시작할 때는 팀원들 모두에게 목적과 취지, 진행 방식에 관해 공유합니다. 목적과 진행 방식에 관해서는 글로 정리해서 전달하면 좋습니다. 내용은 다음을 참고하여 각자의 상황에 맞게 변형하여 사용합니다. 처음 1대1 미팅을 시작하는 것이라면 '처음이라 어색하고 미진한 부분이 있을 수 있다'고 솔직하게 이야기하고 '함께 만들어 가면 좋겠다'는 내용도 포함합니다.

1대1 미팅 시작 공지 메일 예시

늘 수고하고 함께 해주는 팀원분들께

팀원들의 성장과 팀의 성과 향상을 위해 1대1 미팅을 정기적으로 진행하고자 합니다. 1대1 미팅에서는 주로 팀원분들의 성장에 맞춘 이야기를 나누고자 합니다만, 원하신다면 다른 주제들도 가능합니다. 1대1 미팅은 정기적으로 진행할 예정이고, 시작 단계에서는 2주에 한 번 정도로 시작하고, 적당한 시기에 월 1회 정도 진행하는 것으로 생각하고 있습니다.

저도 처음 1대1 미팅을 진행하고, 아마 여러분도 처음이라서 어색하고 미진한 부분이 있을 수 있는데, 차차 이야기를 나누면서 좋은 시간으로 만들어 가면 좋겠습니다. 기본적으로는 1시간 정도를 진행할 예정이고 주제에 따라서 짧아질 수도, 길어질 수도 있을 것 같습니다. 그건 상황에 따라 적절히 조절하면 될 것 같습니다.

정기적인 시간은 저와 같이 협의하시고, 장소는 여러분께서 원하시는 장소를 저에게 알려주시면 좋겠습니다. 회사 회의실도 좋고, 근처 커피숍도 좋습니다. 다른 사람들에게 방해받지 않고, 편안하게 이야기할 수 있는 장소면 좋습니다.

우선 첫 미팅에서는 아래 내용에 관해서 이야기하려고 합니다. 아래에 대해서 미리 생각해 보고 오시면 좋겠습니다. 아직 충분히 고민해 보지 못했다면 너무 스트레스받지 마시고 대강의 방향성만 생각해 오셔도 좋습니다.

향후 커리어 목표와 경로 / 3~5년 후 목표 / 1년의 성장 목표

만약 향후 커리어나 3~5년 후의 목표가 불분명하고 어렵다면 적어도 1년 동안의 성장 목표에 대해서는 정리해 오시면 좋겠습니다. 첫 시간에는 향후 정기적으로 만날 시간을 함께 정할 예정입니다. 아래 시간 중에서 편한 시간을 선택해 주세요.

(1) 이번주 수요일 오후 2~3시
(2) 이번주 수요일 오후 4~5시
(3) 이번주 목요일 오전 10~11시
(4) 이번주 목요일 오후 4~5시
(5) 이번주 금요일 오후 3~4시
(6) 다음주 화요일 오후 2~3시
(7) 다음주 목요일 오전 10~11시

그럼 잘 고민해 보시고, 시간과 어디서 미팅을 하면 좋을지 장소를 정해서 회신 부탁드립니다. 이상입니다.

첫 미팅의 목표는 팀원과의 1대1 미팅 그라운드룰 세팅과 심리적 안전감을 주는 것입니다. 첫 미팅이 끝났을 때 팀원의 머릿속에는 '앞으로 1대1 미팅이 이렇게 진행되니, 이렇게 준비해야겠구나'라는 생각과 함께 '1대1 미팅 괜찮은데'라는 느낌이 들게 만들어야 합니다. 다음은 첫 미팅의 진행 순서입니다. 아래 내용을 참고해서 필요한 부분을 추가, 삭제, 변형하여 활용하시면 좋습니다. 첫 미팅이 본격적인 1대1 미팅의 시작입니다. 이제 이 1대1 미팅에서는 팀원 중심의 대화를 나누는 것입니다. 최대한 팀원의 이야기를 들으려 노력하고, 이해하려고 노력해야 합니다. 대화가 끝났을 때는 팀원의 생각과 의도, 상황, 감정 등을 리더가 충분히 이해해야 하고 이를 통해서 특히 팀원이 자신의 이야기를 리더가 경청하고 이해했다는 느낌이 들어야 합니다.

그래서 이 1대1 미팅의 시간 동안에 리더는 자기 생각이나 의견을 말하는 것을 삼가고 질문을 주로 해야 합니다. 질문을 할 때는 팀원을 더 잘 이해하기 위한 질문이어야 합니다. 또한 결정권이 리더에게 있는 업무에 관련한 것이 아니라면 팀원의 생각과 의견을 지지해 주어야 하고, 나아가 리더로서 지원할 수 있는 것들을 찾아 최대한 도우려고 노력해야 합니다. 도울 부분이 없다면 진심으로 응원하고 있음을 보여야 합니다. 또 하나 1대1 미팅에서 좀 더 솔직한 이야기를 나누기 위해서는 이 시간에 나온 이야기들을 다른 사람들에게 이야기하지 않겠다는 일종의 비밀 유지 약속을 합니다. 서로의 허락 없이는 이 시간에 나온 이야기들을 다른 팀원이나 사람들에게 이야기하지 않을 것을 강조합니다. 이 부분에 대한 신뢰가 깨지면 솔직한 이야기나 의미 있는 1대1 미팅은 어려울 수 있습니다.

첫미팅 진행 가이드 예시

시작 가벼운 워밍업으로 편안하게 대화를 시작할 수 있도록 한다

1. 장소에 대한 질문: 회사 회의실이 아니라 외부 장소일 경우
2. 가벼운 이야기 나눔: 오늘 하루 일정은 어떻게 되는지, 점심 식사는 무엇을 했는지, 날씨와 건강은 어떤지 등
3. 1대1 미팅을 시작한다는 이야기를 들었을 때의 소감 묻기

1대1 미팅 그라운드 룰 만들기

1. 비밀지키기 미팅에서 나온 이야기는 다른 사람에게 이야기하지 않기로 서로 약속합니다.
2. 정해진 스케줄을 준수하고 만약 시간 변경이 필요하면 서로에게 알려주고 다른 시간을 잡기로 하기
3. 팀원이 장소와 주제를 정해서 다음 미팅 하루 전까지 리더에게

알려주기 등 기타 필요하다고 생각하는 약속 정하기

본론 미리 생각해 오라고 했던 향후 커리어, 3~5년 계획, 1년 동안의 목표에 대한 이야기 나누기

1. 커리어 목표와 3~5년의 계획, 1년 동안의 목표를 생각해 보면서 어떤 생각이 들었는지에 대한 소감 요청
2. 본격적으로 팀원에게 생각한 내용 이야기해 달라고 하고, 들으면서 이해가 안 되는 부분이나 궁금한 점이 있으면 질문하기
3. 리더가 팀원에게 들은 이야기를 정리해서 말해 주고 이해한 내용이 맞는지 확인하기
4. 팀원에게 들은 이야기 중에서 인상적이었던 것이나 새롭게 알게 된 것 등에 대한 리더의 소감 나누기 피드백이 아니라 인정과 칭찬 위주가 되어야 함
5. 팀원에게 혹시 리더에게 궁금한 것이나 같이 이야기 나누면 좋은 것이 있는지 질문하기
6. 다음번 미팅까지 시도해 볼 것이나 도전해 볼 것이 있다면 무엇인지 질문하기
7. 리더에게 도움을 요청하거나 필요한 것들은 어떤 것이 있는지? 만약 즉답하기 어렵다면 생각해 보고 말해 달라고 하기

마무리 오늘 진행에 대한 소감 나누기 및 향후 일정 논의하기

1. 오늘 이야기하면서 어땠는지, 혹시 못한 이야기나 추가로 이야기하고 싶은 부분이 있는지 질문하기
2. 다음 스케줄 확인하기
   <small>첫 미팅에서 정기적인 일정 잡기: 예) 매월 1,3주 화요일 오후 2~3시</small>
3. 다음 미팅 때에도 같이 이야기하고 싶은 내용들 미리 생각해서 올 것을 요청 → 다음 미팅 장소와 주제<small>한 줄 혹은 한두 단어</small>를 미팅 전날까지 회신해 달라고 요청하기
4. 리더의 소감 나누기: 오늘 이야기를 들으며 팀원에 대해 더 알게 된 것, 도와 줄 수 있는 것 등
5. 팀원에 대한 응원과 지지: 이야기 나누어 준 부분에 대해 감사와 관심을 갖고 함께 할 수 있는 부분 찾아보겠다는 메시지 전달
6. 팀원의 소감 듣기

첫 대화 예시

다음은 첫 대화 예시입니다. 첫 단추를 잘 끼워야 하듯이 1대1 미팅도 첫 대화를 잘 실행해야 합니다. 다음 예시를 참고해서 첫 미팅을 준비해 보시면 좋을 것 같습니다.

미팅 장소 – 회사 근처 카페

팀 장: 안녕하세요, A님. 이렇게 외부에서 만나니까 조금 색다르죠? 자리 괜찮으세요?
팀원A: 네, 괜찮습니다. 사실 이런 자리가 처음이라 조금 어색하긴 해요.
팀 장: 맞아요, 처음엔 어색할 수 있어요. 저도 처음에는 그랬거든요. 천천히 대화 나누면 편해질 거예요. 그럼, 오늘 하루는 어떻게 시작하셨어요?
팀원A: 아, 아침에 조금 정신없이 출근했어요. 요즘 일이 많아서요.
팀 장: 그렇군요. 요즘 바쁜 와중에 시간을 내주셔서 감사해요. 이 미팅은 부담을 주는 자리가 아니니까 편하게 이야기 나눠 주시면 됩니다.
팀원A: 네, 알겠습니다. 그래도 솔직히 조금 떨리네요.

1대1 미팅 소감과 그라운드룰 설정

팀 장: 사실 이 1대1 미팅을 새로 도입하게 된 이유는 팀원 개개인의 생각과 목표를 더 잘 이해하고, 서로 도움이 될 수 있는 부분을 찾기 위해서예요. 처음에 이런 미팅이 있다고 들었을 때 어떤 느낌이었나요?
팀원A: 음... 솔직히 조금 걱정이 됐어요. 제 업무를 평가받는 자리가 될까 봐요.
팀 장: 그럴 수도 있을 것 같네요. 하지만 이건 평가가 아니라 A님이 어떤 생각을 하고 계신지, 어떤 도움을 필요로 하시는지 알아보기 위한 시간이에요. 제가 더 잘 도와드릴 수 있도록요.
팀원A: 아... 그렇다면 좀 마음이 놓이네요.
팀 장: 좋습니다. 그럼 몇 가지 약속을 정해볼게요. 첫째, 여기서 나눈 이야기는 우리 둘 사이에만 공유되며 서로에게 허락받지 않았다면 다른 사람들에게 말하지 않기로 약속할게요. 괜찮으신가요?
팀원A: 네, 좋아요.
팀 장: 만약에 스케줄을 변경해야 한다면 미리 알려주고 서로 조율하기로 해요. 그리고 다음 미팅의 장소와 주제는 A님이 정해서 미팅 하루 전까지 알려주시면 좋겠어요. 가능할까요?
팀원A: 네, 할 수 있을 것 같아요.

커리어 목표와 미래 계획 이야기

팀 장: 그럼 본론으로 들어가 볼게요. 오늘은 A님께서 향후 커리어, 3~5년 계획, 그리고 1년 동안의 목표에 대해 생각해 오신 부분을 들어보고 싶어요. 어떤 생각을 하셨는지 말씀해 주실 수 있을까요?

팀원A: 사실 이런 질문을 깊이 생각해 본 적이 없어서 좀 막막했어요. 그래도 생각해 보니 3년 내에는 제 분야에서 전문성을 인정받고 싶어요. 그리고 5년 후에는 팀을 이끄는 위치에 올라가는 게 목표예요.

팀 장: 아주 좋은 목표네요! 그럼 올 한 해 동안은 어떤 준비를 하실 계획이신가요?

팀원A: 음... 먼저 제가 부족하다고 느끼는 기술을 보완하고 싶어요. 데이터 분석 쪽 역량을 키워야 할 것 같아요.

팀 장: 데이터를 활용한 업무 능력을 강화하겠다는 목표가 적절해 보이네요.

대화 진행 후

마무리와 응원

팀 장: 오늘 이야기 들으면서 A님이 진지하게 고민하고 계신 부분을 알 수 있어서 좋았어요. 특히 향후 계획이 정말 멋졌습니다.

팀원A: 감사합니다. 이렇게 구체적으로 생각해 보니 좀 더 명확해진 것 같아요.

팀 장: 다음 미팅에서는 더 깊이 이야기 나눠보면 좋겠어요. 오늘 이야기한 걸 바탕으로 실질적으로 도움을 드릴 수 있는 방법을 고민해 보겠습니다.

팀원A: 네, 감사합니다. 다음 미팅도 기대됩니다.

팀 장: 그럼 다음 미팅은 매달 첫째 주 화요일 오후 2시로 정하고, 주제와 장소는 미리 알려주세요. 오늘 정말 감사했고, 앞으로도 응원합니다!

팀원A: 네, 저도 기대되네요. 감사합니다!

BTS: Between The Session 미팅과 미팅 사이

코칭에서는 코칭과 다음 코칭 사이를 매우 중요하게 여깁니다. 코칭 자체는 대화일 뿐이지 실제 변화가 일어나는 시간은 코칭과 코칭 사이에서 시도한 행동이기 때문입니다. 1대1 미팅도 마찬가지 입니다. 미팅과 미팅 사이가 실제 팀원이 행동하고 변화하는 시간 입니다. 이 때 리더로서 할 것은 다음과 같습니다.

- 팀원이 미팅 시간에 이야기했던 시도해 볼 것이나 도전해 볼 것 등에 대한 관심을 가지고 관찰합니다. 다음 미팅에 필요하다면 관찰 내용을 기억했다가 나눕니다.
- 만약 미팅 시간에 리더로서 하고 싶었던 말이 있는데 하지 못했거나, 리더가 나중에 답을 주기로 한 것, 혹은 미팅을 회고하면서 생각난 메시지가 있다면 의도와 목적을 잘 생각해서 메시지로 정리해서 전달합니다. 1대1 미팅 때는 가능한 리더의 의견을 줄이고, 이 시간을 활용하여 필요한 리더의 생각을 전합니다.

첫 미팅 이후 미팅 진행 가이드 예시

시작 가벼운 워밍업으로 편안하게 대화를 시작할 수 있도록 한다.

1. 가벼운 이야기: 날씨, 건강, 취미, 컨디션, 미팅 장소 등

2. 리더로서 관찰한 내용: 예시) 엊그제 보니까 전화 통화할 때 표정이 좋아 보였는데 어떤 일이 있었는지?
3. 지난번 1대1 미팅을 하고 난 후의 느낌, 생각할 것, 변화된 것 등이 있는지, 지난번 미팅에 대한 리더로서의 소감, 느낀 것, 생각한 것 등 나누기

본론 팀원이 준비한 내용에 관한 이야기

1. 미리 주제를 회신해 주었다면: 예시) 주제를 '자격증 공부'라고 보내주었는데, 어떤 내용인가?
2. 미리 주제를 알려주지 않았다면: 오늘은 어떤 이야기를 나누고 싶은가?
3. 만약 팀원이 성장이 아닌 다른 주제를 이야기하고 싶다고 하면 그것을 나누기
4. 본격적으로 팀원에게 생각한 내용 이야기해 달라고 하고, 들으며 이해가 안 되는 부분이나 궁금한 점이 있으면 질문하기
5. 리더가 팀원에게 들은 이야기를 정리해서 말해 주고 이해한 내용이 맞는지 확인해 보기
6. 팀원에게 들은 이야기 중에서 인상적이었던 것이나 새롭게 알게 된 것 등에 대한 리더의 소감 나누기 피드백이 아니라 인정과 칭찬 위주가 되어야 함

7. 팀원에게 혹시 리더에게 궁금한 것이나 같이 이야기 나누면 좋을 것이 있는지 질문하기
8. 다음 번 미팅까지 시도해 볼 것이나 도전해 볼 것이 있다면 무엇인지 물어보기
9. 리더에게 도움을 요청하거나 필요한 것들은 어떤 것이 있는지 물어보기 만약 즉답하기 어렵다면 생각해 보고 말해 달라고 하기

마무리 오늘 진행에 대한 소감 나누기 및 향후 스케줄 논의하기

1. 오늘 이야기하면서 어땠는지, 혹시 못한 이야기나 추가로 이야기하고 싶은 부분이 있는지 질문하기
2. 다음 일정 확인하기 정기적인 일정 확인 후 변경 필요하면 일정 정하기
3. 다음 미팅 때에도 같이 이야기하고 싶은 내용들 미리 생각해서 올 것을 요청 → 다음 미팅 장소와 주제 한 줄 혹은 한두 단어 를 미팅 전날까지 회신해 달라고 요청하기
4. 리더의 소감 나누기: 오늘 이야기를 들으며 팀원에 대해 더 알게 된 것, 도와 줄 수 있는 것 등
5. 팀원에 대한 응원과 지지: 이야기 나누어 준 부분에 대해 감사와 그 부분에 관심을 두고 함께 할 수 있는 부분 찾아보겠다는 메시지 전달
6. 팀원의 마지막 소감 듣기

이후 미팅 진행은 이러한 형식으로 진행합니다. 이러한 1대1 미팅이 서너 번 반복된다면 팀원들의 머릿속에는 '아, 1대1 미팅이 이렇게 진행되는구나'라는 윤곽이 잡히면서 안정감을 느끼게 되고 미팅을 잘 준비할 수 있게 될 것입니다. 그리고 필요하다면 미팅 시작할 때나 마칠 때 1대1 미팅이 잘되기 위해서 어떻게 진행하면 좋을지에 대한 의견을 물어보는 것도 좋습니다. 그리고 팀원이 만약 다음 미팅에는 특별히 다룰 주제가 없다고 하면 한 번 정도는 그냥 넘어가고 다음에 준비해서 보자고 합니다. 그런데 2번 연속 "할 이야기가 없다"라고 하면 2번째에는 1대1 미팅을 미루지 말고 다음 주제를 가지고 이야기를 해 보면 좋습니다. 주제를 정할 때는 리더가 정하는 것보다 다음 내용들을 쭉 이야기해 주거나 출력한 내용을 보여주며 팀원에게 어떤 이야기를 하면 좋을지 선택해 보라고 하면 좋습니다.

특별한 주제가 없을 때 나누면 좋을 내용들

- 요즘 집중하고 있는 일들은 무엇인가? 잘되고 있는 것과 고민이 필요한 영역은 무엇인가?
- 본인만의 에너지 레벨을 올리는 방법이나 재충전 방법은 어떤 것인가?
- 향후 6개월 동안 우리는 어떤 것에 집중하면 좋을까?
- 배우고 싶은 것이 있는가?
- 리더에게 도움이 필요한 부분이 있는가?
- 팀원들과의 관계에서 좋은 점과 아쉬운 점은 무엇인가?
- 삶의 만족도는 어떠한가? 1점 10점 척도, 그 점수를 준 이유는? 점수를 1점 올리는 방법은 무엇인가? 2점 올리는 방법은?

더 좋은 1대1 미팅을 위한 미팅

1대1 미팅을 6개월 정도 진행했을 때, 지난 6개월을 함께 회고해 보고, 향후 더 의미 있는 1대1 미팅이 되기 위해서 어떻게 하면 좋을지 리뷰 시간을 가지면 좋습니다. 특별한 형식보다는 다음 내용을 포함해서 이야기 나누는 게 좋습니다.

- 6개월 동안 성장한 부분은 무엇인가 / 아쉬운 부분은 무엇인가?
- 1대1 미팅의 좋은 점과 개선할 점은 무엇인가?
- 향후 6개월간 어떤 목표가 있는가 / 어디에 집중을 해 볼 것인가?
- 리더에게 좋았던 점과 바라는 점은 무엇인가?
- 리더가 관찰한 팀원의 변화와 성장에 관한 나눔과 인정과 감사
- 향후 1대1 미팅을 어떻게 진행하면 좋을지에 대한 의견 나누기

　1대1 미팅은 리더가 팀원의 성장을 도모하면서 잠재력을 발휘할 여건을 만들고, 팀의 효과성을 높일 중요한 기회입니다. 물론, 모든 1대1 미팅이 매번 완벽할 수는 없겠지만, 리더가 진심으로 팀원의 가능성을 바라보며 꾸준히 소통한다면, 그 과정 자체가 서로에게 큰 힘이 될 것입니다. 1대1 미팅이라는 도구를 잘 사용하여 더 좋은 리더로서 성장하기를 바랍니다.

PART 3 좋은 팀을 만들기

9장
팀 그라운드룰 세팅

'그라운드 룰Ground Rules'이라는 용어는 스포츠에서 유래되었습니다. 야구 경기에서 '그라운드 룰'은 특정 야구장의 특성 때문에 만드는 특별한 규칙입니다. 모든 야구장에 동일하게 적용되는 규칙이 있지만 실제 개별 야구장은 크기와 물리적 환경이 조금씩 달라서 해당 그라운드 특성에 맞는 규칙이 필요했습니다. 예를 들어, 어떤 경기장의 홈런 펜스가 다른 경기장보다 높으면, 그 펜스를 넘어가는 공에 관한 규칙이 필요하고, 야구장의 크기가 작거나 클 때는 안타와 홈런에 관한 규정이 별도로 필요했습니다. 이 개념이 확장되어, 팀의 상황에 맞게 설정한 규칙을 팀 그라운드 룰이라 이야기합니다. 같은 회사에 있어도 팀마다 특성이 있습니다. 각 팀이 맡고 있는 업무도 다르고, 주어진 프로젝트도 다르고, 특히나 모여 있는 사람들이 다릅니다. 그렇기에 그 팀만의 고유한 규칙이 필요합니다. 옆 팀에서 작동하는 규칙이 우리에게는 작동하지 않을 수 있고, 옆 팀에는 없지만 우리 팀에는 필요한 규칙들이 있습니다. 9시 출근이라는 회사 규칙이 있지만, 이 규칙에 대한 해석이 9시까지 회사에 오면 된다, 또는 9시부터 업무 시작이라는 입장 차이가 있을 수 있습니다. 이 두 가지 방식 중에 어떤 방식이어도 큰 문제가 없는 팀도 있을 수 있고, 또 어떤 팀은 이것 때문에 스트레스를 받고 갈등하는 팀원들이 있을 수도 있습니다. 만약 9시 출근을 어떻게 해석하든 큰 문제가 없는 팀은 이것에 관한 팀그라운드 룰이 필요하지 않습니다. 그러나 만약 이것이 문제가 되고 갈등하는 팀이 있다면 그 팀은 이에 관한 그라운드룰이 필요합니다. 협력을 위해서 혹은 오해를 줄이기 위해서 서로 논의하고 같은 기준으로 일을 할 때 갈등을 줄이고 성과를 높일 수 있습니다.

앞서 효과적인 팀의 특성에서 Tuckman의 FSNP 모델을 설명해 드렸습니다. 이 모델은 성과를 내는 팀은 4가지 단계, 즉 Forming형성기, Storming혼란기, Noriming규범기, Performing성과기 을 거쳐간다고 합니다. 기억해야 할 것은 '성과를 내는 팀'이 이 4단계를 거친다는 것입니다. 처음부터 만나서 바로 성과를 내는 것이 아니라 혼란의 시기를 거쳐 팀 내의 어떤 기준들과 규칙들이 생기고, 그것들이 잘 작동될 때 안정적으로 성과를 내는 것입니다. 혼란기에서 규범기로 넘어갈 때 중요한 3가지가 있습니다. 첫째는 우리가 왜 함께 모여서 일하는가, 우리가 함께 일하는 목표가 무엇인가에 해당하는 팀의 목적과 방향입니다. 두 번째는 서로에 대한 이해입니다. 각자가 추구하는 바는 무엇이고, 어떤 것을 잘하고, 무엇을 하고 싶고, 반대로 무엇에 약하며 어려워하는지, 불편해하는지에 관한 이해가 필요합니다. 세 번째로는 앞의 두 가지를 바탕으로 우리 팀은 어떤 규칙이 필요한가에 관한 팀그라운드룰입니다. 서로가 팀워크를 잘 발휘하기 위해 필요한 것을 이야기하고 그에 맞는 기준을 만들어 가야 합니다.

그라운드 룰이 없는 경우 불필요한 갈등과 비효율성에 직면할 수 있습니다. 회의 중 발언에 관한 규칙이 없으면 팀원들이 서로 말을 끊거나 과도한 토론이 벌어질 수 있습니다. 이에 따라 중요한 논의가 제대로 이루어지지 않거나 결정이 지연될 수 있으며, 팀원 간 불필요한 긴장감과 갈등이 조성됩니다. 이메일 회신에 대한 규칙이 없으면 불필요한 대기 시간과 오해의 여지가 생깁니다. 이는 프로젝트 전체의 진행을 방해하고, 결국 팀의 성과를 저해하는 결과를 낳습니다. 휴가에 대한 공지를 가기 전날 한다면 이 때문에 생기는 업무 조정 문제는 다른 팀원들에게 예기치 않은 부담을 안겨줄 수 있습니다. 만약 반복적으로 이런 일이 발생하면 팀원 간 불만이 쌓이고, 협업이 원활하지 않게 됩니다. 팀원들이 서로 의지하고 협력하는 대신, 혼자서 해결하려 하거나 불만이 표출되어 팀워크가 손상될 가능성이 큽니다. 다시 말씀드리지만, 모든 것에 대한 규칙을 만들라는 것이 아니라, 우리 팀에서 문제가 될 소지가 있는 것을 이야기하고 그것을 다루자는 것입니다.

그라운드 룰에 관한 그라운드 룰 만들기

효과적인 팀은 3가지 결과를 지향하는데, 팀의 미션 달성, 높은 수준의 업무 결과물, 그리고 팀원들의 만족과 성장입니다. 팀 그라운드룰은 이 3가지를 잘하기 위해 존재해야 합니다. 그래서 규칙을 지키는 것 자체보다 더 중요한 것은 협력하고 결과를 내고, 서로의 성장을 돕고 좋은 관계를 유지하는 데 있습니다. 이 목적을 가장 우선에 두어야 합니다. 그래야 때로는 목적에 따라 규칙을 바꿀 수도 있고, 없앨 수도 있습니다. 한 번 정한 규칙을 끝까지 고수할 필요는 없습니다.

팀그라운드 룰을 만드는 원리

그라운드룰은 리더가 일방적으로 정하는 것이 아니라, 팀원들이 함께 논의하고 합의해야 합니다. 이 과정을 통해 모든 팀원이 규칙에 대해 이해하고, 서로의 생각을 나누면 함께 만든 규칙을 지키려는 의지가 높아집니다. 그래서 팀의 필요에 맞는 규칙을 설정하는 것이 중요합니다. 예를 들어, 같은 회사에서도 창의적인 업무를 주로 하는 팀이라면 자유로운 휴가 사용을 허용할 수 있지만, 고객 대응을 주로 하는 팀이라면 중단 없는 업무와 긴급 상황 대처를 위한 규칙이 더 중요할 수 있습니다. 이런 그라운드룰은 구체적이고 명확해야 하며, 실제로 팀이 실행할 수 있어야 합니다. 그라운드룰을 설정할 때 유의할 몇 가지 포인트는 다음과 같습니다.

- **명확성**: 그라운드룰은 누구나 이해할 수 있도록 명확해야 합니다. 누가 봐도 해석의 여지가 적어서 오해가 없어야 합니다. 9시 출근보다는 '9시에는 모두가 자리 착석' 또는 '출근 카드를 9시 전에 찍기'처럼 명확하게 만들어야 합니다.
- **핵심만**: 너무 많은 규칙은 오히려 혼란을 일으킬 수 있습니다. 팀의 핵심 업무와 직결되는 중요한 규칙에 집중하는 것이 좋습니다. 처음부터 모든 것을 다루는 것보다 팀에서 중요하다고 여기

는 것이나 갈등이 예상되는 것부터 먼저 다루는 것이 좋습니다.
- **유연성과 정기 점검**: 시간이 지나면서 팀의 상황이 변할 수 있기 때문에 규칙도 유연하게 수정할 수 있다는 전제를 두고 만듭니다. 한 번 정해진 룰이 바뀌지 않는다고 생각하면 구성원들이 거부감을 느낄 수 있습니다. 현재 수준에서 적절하다고 생각하는 것을 일정 기간, 예를 들면 4주간 운영해 보고 다시 논의해 보자 정도의 유연성을 가지면 좋습니다.
- **팀 권한 안에서**: 팀원들과 그라운드룰로 협의할 영역이 아닌 것들이 있습니다. 조직의 정책, 안전, 윤리, 고객 대응, 법 등에 대한 것은 팀의 권한을 넘어서는 일입니다. 이것에 반히는 그라운드 룰을 만들려면 먼저 상위 부서나 법률적인 문제부터 해결해야 합니다. 팀의 권한을 벗어나는 영역이지만, 만약 정말 조직과 팀에 필요하다면 해당 사안의 결정권자와 먼저 협의하는 것이 필요합니다.

그라운드 룰의 주요 내용

다음은 그라운드 룰의 주요 예시입니다. 이전에 말씀드린 것처럼 모든 것을 다 그라운드 룰로 만들 필요는 없습니다. 내용을 천천히 살펴보시고 우리 팀에 필요한 것은 무엇일지, 실제 우리 팀에 적용할 때는 어떻게 변형하면 좋을지 생각해 보시기 바랍니다.

출근 시간	"모든 팀원은 9시까지 모든 준비를 마치고 업무를 시작합니다."
회의 시간 준수	"모든 회의는 정시에 시작하고, 2분 전에 착석합니다. 만약 1분이라도 늦을 경우 리더에게 사전 통보를 합니다."
프로젝트 마감일	"모든 업무는 지정된 마감일 전에 완료해야 하며, 지연이 예상될 경우 알아차린 즉시 리더와 상의하여 대책을 논의합니다."
휴가 알림	"2주 전에 휴가 사용을 알려주고, 업무가 중단되지 않도록 필요시 관련 팀원들에게 협조를 구합니다. 만약 예상치 못한 긴급한 휴가가 필요하다면 리더와 먼저 협의합니다."
회신 시간	"이메일과 메신저는 24시간 이내에 회신합니다."
회의 중 발언	"회의 중에는 다른 사람의 발언을 끊지 않고, 발언하고 싶다면 진행자에게 손을 들어 발언권을 구합니다."
의사소통 도구	"긴급한 상황은 전화나 메신저를 사용하고, 중요한 내용은 이메일로 소통합니다."
소통 채널 선택	"모든 공식적인 소통은 팀 전용 Slack 채널을 통해 진행합니다."
업무 인계	"담당 업무를 다른 팀원에게 인계할 때는 충분한 설명과 문서를 함께 제공하며, 인수 받은 팀원이 요청할 때는 언제든지 답변해 줍니다."
피드백 제공	"피드백은 구체적이고 건설적으로 제공하며, 개인 비난은 하지 않습니다."

도움 요청	"팀원 중 누군가가 도움이 필요하면 주저하지 않고 요청하며, 상호 지원을 장려합니다."
아이디어 공유	"모든 아이디어는 자유롭게 공유하되, 다른 팀원의 아이디어를 존중합니다."
의견 존중	"모든 팀원은 서로의 의견을 존중하며, 개인적인 공격이나 비난은 금지합니다."
성과 평가	"개인의 성과는 매월 마지막 주 금요일에 팀장과 1:1 미팅을 통해 평가합니다."
자기 평가	"팀원들은 주기적으로 자신의 업무 성과를 리뷰하고, 개선점을 찾습니다."
도구 사용	"모든 프로젝트 문서는 Google Drive에 저장하며, 각 파일은 최신 상태로 유지합니다."
문제 대응	"모든 팀원은 업무 과정에서 정직하게 행동하며, 문제 발생 시 투명하게 공유합니다."
업무 기밀	"프로젝트와 관련된 기밀 정보는 외부로 절대 유출되지 않도록 주의합니다."
팀 활동 참여	"매월 마지막 주 금요일에 팀 소셜 활동을 진행하며, 가능한 한 모든 팀원이 참여합니다."
생일 축하	"팀원 생일은 모두가 축하하며, 2만 원 이내로 돈을 모아 선물합니다."
지식 공유	"프로젝트가 끝날 때마다 배운 점을 문서화하고, 이후 팀원들과 공유합니다."
위험 관리	"모든 팀원은 예상되는 위험요소를 사전에 공유하며, 대응 방안을 마련합니다."
변화 대응	"새로운 업무 방식이나 기술이 도입될 경우, 팀 전체가 적극적으로 학습하고 적응합니다."

팀 그라운드 룰 실제 예시

인재개발팀 그라운드 룰 v1.2_2409 *업데이트 일자: 240902_분기회의

> 목적: 협력과 성장, 좋은 성과를 위한 팀의 약속 기준점
> 기본 원칙
> - 규칙보다 더 중요한 것은 협력, 성장, 결과, 관계다.
> - 목적을 위해 규칙은 언제든지 바꿀 수 있다.
> - 기본 3개월 실행/리뷰 분기 회의 때 리뷰
> - 필요시 즉시 논의 후 변경 가능

1. 회의

1) 원칙
- 회의 주관자는 회의 일정 및 시간과 주제를 사전에 명확하게 공유한다.
- 회의 참가자는 회의에 적극적으로 참여한다.
  기본적으로 사람을 바라본다. 핸드폰X 노트북X 필기X
- 회의 시작 시간을 지킨다. 2분 전 착석 완료하기
- 시작할 때 주관자가 끝나는 시간을 공지하고, 마치는 시간 5분 전에는 마무리를 준비한다. 예정 회의 시간을 지킨다 → 시간측정: 팀원 B
- 예정되지 않은 회의는 당사자들과 일정을 협의하고 진행한다.
- 효과적인 회의를 위해 공적인 이야기와 사적인 이야기를 구분한다.

2) 주간 회의
- 일정: 매주 월요일 10:00~11:30 팀 스터디 10:00~10:30, 이후 11:30까지 업무논의
- 담당자: 팀장
- 회의 준비: 회의 시작 전, 개인별 주간회의 내용 작성 구글 스프레드 시트
- 진행방법: 아래 순서로 1시간 이내 종료
  - 개인 주간 리포트 관련 읽기/질문
  - 지난 업무 리뷰/피드백
  - 회의 주제 공유 짧은 의제는 바로 처리, 함께 논의해야 할 의제 설명과 추가 회의 시간 잡기
  - 마무리

3) 정기 회의
- 월 단위 회의 없음
- 분기 회의 진행 2월, 5월, 8월, 11월 마지막 월요일
- 분기 회의 시간: 팀 주간 회의 후 1시~3시까지
- 분기 회의 시 5월과 11월은 반기 / 연간 리뷰 회의로 진행
- 분기 회의 순서
  - 상호 칭찬하기
  - 지난 과정 되돌아보기 한 일, 성취, 잘한 일/못한 일
  - 팀 그라운드 룰 업데이트
  - 앞으로 할 일 정리 다음 분기 업무들
  - 성장 목표 나눔/공유

2. 팀 스터디
- 한 사람당 20~30분 준비, 30분이 넘으면 사전에 진행 시간 공지해 주기
- 팀원별 진행 순서: 팀장, 팀원 A, 팀원 B, 팀원 C, 팀원 D, 팀원 E
- 주간 회의 전 시작
- 부득이하게 진행을 못한 경우 그 주에 같이 점심먹으며 진행

3. 업무관련
1) 인사
- 출근: 일부러 찾아가서 인사하지 않기, 마주치면 그때 자연스럽게 인사하기
- 퇴근: 업무에 맞춰 각자 알아서 퇴근하기. 별도로 찾아가서 퇴근 인사하지 않기

2) 소통
- 전체 공유와 개인 공유 잘 구별하기
- 업무는 사내 메신저로 소통
- 단톡방은 가능하면 댓글보다는 체크 표시하기
- 꼭 확인해야 하는 것은 명확하게 명시하고 요청하기
- 업무 시간 중 소통하기
- 업무시간 이후 소통은 가급적 지양하고, 만약 긴급하게 필요하다고 생각되는 경우 개인이 판단해서 소통하기

3) 근무관련
- 야근/휴일 근무: '가능하면 야근/휴일 근무를 안한다'가 원칙
- 필요시 사전 협의 후 진행. 야근이나 휴일 근무가 필요하면 최대한 빨리 협의
- 휴가 사용: 2주 전 공유가 기본. 급하게 사용할 때는 바로 공유
- 재택근무: 주 1회 시행. 가능하면 개인적 업무를 위주 진행. 재택은 구글캘린더에 올리기, 월요일 회의 때 공유
- 회사 주간 업무에 반영하고 싶은 실적은 금요일 오전에 회사 개인 계정으로 처리

4. 함께하기
1) 생일 챙기기
- 일자: A - 1/18, B - 3/21, C - 5/10, D - 8/6, E - 11/4
- 함께 점심식사 하기 생일 주간 회의 후, 선물 인당 2만 원 이내 모아서, 지난번 생일자가 챙기기, 식당예약 생일자

2) 문화의 날
- 2, 8월 마지막 주, 금요일 점심시간 앞뒤로 문화 활동 담당자: 팀원 C

5. 원온원 미팅
- 월 1회 진행 성과/성장 관련 / 정말 바쁘더라도 꼭 지키기
- 기본 일정을 고정하고, 조정이 필요시 협의하여 진행
  - A: 2번째 목요일 2시   - C: 1번째 화요일 3시
  - B: 3번째 화요일 2시   - D: 4번째 목요일 3시
- 교육 주간 등 업무가 겹칠 때는 오전 시간 혹은 그다음 주 등으로 재협의

6. 일정 공유
- 구글 캘린더로 일정 공유
- 기준: 서로의 일정을 확인하고, 협업의 공간을 찾을 수 있도록 / 서로 일정을 공유
- 방법: 구글 캘린더로 업무 관련한 캘린더를 생성하고, 구성원들에게 공유

7. 기타
- 필요한 팀약속은 언제든지 논의 가능. 특별한 것이 없다면 분기 회의에 리뷰하기
- 비밀유지: 내부 인원들에 대한 정보나 우리 팀원들의 이야기들은 외부로 발설하지 않는다.

팀 그라운드 룰을 정착시키기

　규칙을 만드는 것보다 정착시키는 것이 더 중요하고 어렵습니다. 가장 중요한 것은 지속적인 피드백입니다. 만약 팀원들이 규칙을 잘 지킬 때에는 이를 칭찬하고 격려하는 문화가 필요합니다. 이런 피드백은 팀원들에게 규칙 준수의 중요성을 계속 인식시켜 줄 것입니다. 반대로 규칙을 어겼을 경우에는 지적이나 벌칙도 필요할 수 있겠지만, 본질적으로 왜 지키지 못했는지에 대해 이야기 나누고 어떤 부분을 도와주어야 할지, 그래서 어떻게 함께 그라운드룰을 지켜갈 수 있을지 고민하는 과정으로 진행되어야 합니다. 그라운드 룰이 서로에 대한 감시나 지적, 비난의 도구로 사용되어서는 안됩니다. 팀그라운드 룰은 팀의 관계와 업무 성과를 높이기 위함이기 때문입니다. 처음 그라운드 룰을 만들면 주간 회의나 정기적인 미팅에서 계속적인 관심과 실행 정도를 공유해야 합니다. 룰은 만들었다는데 의의가 있는 것이 아니라 지켜야 의미가 있습니다. 정기적인 미팅이 있다면 그 시간에 새로운 그라운드룰이 잘 진행되고 있는지 살펴보고, 만약 잘 지켜지지 않는다면 어떻게 하면 좋을지 논의합니다. 이때도 지키지 못하는 사람에 대한 질책보다는 어떻게 하면 그 사람을 도와 팀이 함께 지킬 수 있을지의 관점에서 이야기해야 합니다. 팀 그라운드룰을 정착시킬 때 가장 큰 영향은 리더의 솔선수범입니다. 팀 리더가 그라운드룰을 적극적으로 따르는 모습은 다른 팀원들에게 강력한 메시지를 전달합니다. 그래서 팀 그라운드룰의 정착 책임자는 팀 리더가 되어야 합니다. 리더가 모범을 보일 때 그라운드룰은 성공적으로 정착할 수 있습니다. 마지막으로 주기적인 점검이 필요합니다. 한 번 정하면 끝이 아니라, 주기적으로 점검하고 필요한 부분은 수정해야 합니다. 팀의 변화와 함께 규칙도 유연하게 변화할 수 있어야 합니다. 점검 주기는 분기 단위 정도를 고려해 보는 것을 추천합니다. 만약 분기 전이라도 팀 상황이 바뀌었거나 실제 작동하지 않는 룰이 있다면 팀원들과 논의하고 바로 변경할 수 있습니다.

팀 그라운드 룰을 설정하고 이를 지켜 나가는 것은 결코 쉬운 일이 아닙니다. 새로운 문화를 만드는 것과 같습니다. 때로는 팀원들이 서로의 차이를 이해하고 조율하는 과정에서 갈등이 생길 수도 있습니다. 그러나 이런 과정을 통해 팀은 더 단단해지고, 협력의 힘을 깨닫게 됩니다. 처음에는 규칙이 불편하게 느껴질 수 있지만, 이를 지키고 존중하는 문화가 자리 잡으면 팀 전체가 더 나은 성과를 거두게 됩니다. 팀원들을 믿고, 그라운드룰을 설정하는 과정을 즐겨보시기 바랍니다.

PART 3 좋은 팀을 만들기

10장
팀 갈등 중재

    영화는 장면의 연속입니다. 그 중 어떤 한 장면만 본 사람은 그 장면을 온전히 이해하기가 어렵습니다. 그 장면이 설득력 있게 다가오기 위해서는 그 장면이 연출되기까지의 서사와 맥락을 이해해야 합니다. 등장 인물들이 그 장면에서 왜 그런 행동들을 하는지 이해하기 위해서는 이전의 히스토리를 알아야 합니다. 팀 안에서의 모습도 마찬가지입니다. 팀워크 교육을 하다 보면 사람들은 한 장면을 가져와서 더군다나 자기 관점에서 해석한 장면을 어떻게 하는 게 좋으냐고 묻습니다. 그러나 그 한 장면만으로는 답하기 어렵습니다. 그동안에 쌓아왔던 관계와 사건들, 그 상황에 대한 상대방의 인식은 알 수가 없기 때문입니다. 도대체 납득할 수 없는 상대방의 행동도 사실 그 간의 맥락과 이야기를 살펴본다면 이해 못 할 것도 없습니다.

갈등이 꼭 이와 같습니다. 이해하기 어려운 장면이 연출되었다면 그간에 쌓인 서사와 맥락이 있음을 떠올려야 합니다. 왜 그런 행동을 했고, 왜 그런 말을 했는지 이해의 과정이 반드시 필요합니다. 이것이 갈등 해결의 시작입니다.

  팀에서 갈등이 발생하면 개인의 감정적 상처와 관계의 균열을 초래할 뿐만 아니라, 업무 수행과 성과에도 심각한 영향을 미칩니다. 갈등의 당사자뿐 아니라 그 갈등을 지켜보는 팀원들에게도 영향을 미칩니다. 누구의 편도 들어주기 힘들고, 의사소통도 조심스러워지며, 서로 간의 대화를 피하게 되고 업무에 몰입하기 어려워집니다. 이러한 상황에서는 쉽게 오해가 쌓이고, 결국 책임 회피, 의사결정 지연, 비협조와 같은 문제들이 발생합니다. 갈등이 미해결된 채로 방치되면 팀원 간의 긴장은 더욱 고조되고 상호 간의 부정적 인식이 고착화될 수 있습니다. 특히 창의성과 혁신이 중요한 팀에서는 심리적 안정감이 결여되어 새로운 아이디어를 제안하거나 시도하는 것을 주저하게 되고, 팀의 효과성이 떨어지게 됩니다. 따라서 갈등 관리와 해결은 단순히 팀의 평화를 위해서만이 아닌, 팀의 성과와 효과성을 높이기 위해 필요하며, 가능한 빠른 시간 내에 다루어야 합니다. 그렇지 않으면 시간이 지날수록 해결이 더 어려워집니다. 이를 위해 팀 내 갈등을 이해하고 체계적으로 다루는 접근법이 필요합니다.

앞서 '갈등 대응'에서는 갈등의 속성을 이해하고 이를 대하는 태도와 방법을 이야기했다면, 여기서는 갈등 발생 시 어떻게 중재하는지 다루도록 하겠습니다. 가장 먼저 갈등 당사자들에게 갈등 해결의 의지가 있는가를 확인하는 것이 시작입니다. 그렇다고 한다면 서로의 입장을 충분히 이해할 기회를 만들어야 합니다. 이때 각자의 주장이 아니라 감정과 욕구, 기대를 충분히 이해하는 과정이 선행되어야 합니다. 서로가 어떤 기대와 욕구가 있으며, 그래서 어떤 감정이 들었는지에 대해 공감하는 시간이 필요합니다. 서로 상대방의 감정, 기대, 욕구를 충분히 이해하면 많은 오해가 풀리기 시작합니다. 갈등의 대부분이 '도대체 이해 안 되는 상대방'과 '내 말을 이해 못하는 상대방' 때문에 발생하는데, 상대방을 내가 이해하고 또 상대방이 나를 이해해 주는 과정을 거치면 많은 갈등이 해결됩니다.

갈등 중재의 핵심은 서로가 서로에게 이해받는 것입니다. 자신이 충분히 이해받았다고 생각하면 상대를 다시 바라보고 협력할 힘이 생깁니다. 반대로 자신이 이해받지 못한다고 생각하면 어떻게든 상대를 이해시키려 설득과 강요를 하거나 협력을 거부하게 됩니다. 다음 상황과 그에 따른 시나리오를 통해 갈등 중재의 프로세스를 이해해 보겠습니다.

상황

팀원 A와 팀원 B는 업무 과정에서 역할과 책임 분담에 대한 이견으로 갈등을 겪으며 감정적으로 상처를 받았습니다. 특히 프로젝트 초기 단계에서 A가 업무 기획과 방향 설정에 대한 주도권을 쥐고 있었으나, B가 A의 판단을 무시하고 다른 접근을 시도하면서 문제가 발생했습니다. B는 자신의 방식이 더 효율적이라고 믿고 있었지만, A는 B의 행동을 '자신을 존중하지 않는 태도'로 받아들였고, 이로 인해 감정적으로 상처를 받게 되었습니다. 또한, B는 A가 자신을 신뢰하지 않고 지나치게 통제하려고 한다고 느끼면서 속상함이 쌓였습니다. B는 팀원으로서 독립적으로 일할 수 있는 신뢰와 자율성을 원했으나, A의 세부적인 개입을 '자신을 무시하고 무능력하게 여기는 것'으로 받아들였습니다. 오랜 시간 쌓인 오해와 상처가 커지면서 두 사람은 서로의 의도를 왜곡하여 받아들이게 되었고, 갈등이 깊어졌습니다. 팀장은 이들의 감정을 풀고 상호 신뢰를 회복하기 위해 중재를 준비하고 있으며, 이를 위해 각각의 팀원과 사전 미팅을 통해 갈등 해결에 대한 의지를 확인하는 단계에 있습니다.

갈등 중재를 위한 사전 미팅

팀장중재자**의 사전 미팅 목표**

  각각의 팀원과의 사전 미팅에서 팀장은 다음과 같은 세 가지를 목표로 이야기합니다.

- 갈등의 중요성 인식 공유: 현재 갈등 상황이 팀 분위기와 성과에 부정적 영향을 미치고 있음을 전달
- 갈등 해결의 필요성 공유: 갈등 해결이 개인과 팀에 미치는 긍정적 영향에 관해 이야기하며, 각 팀원의 해결 의지가 중요함을 강조
- 갈등 해결 허락 구하기 및 의지 확인: 갈등 해결을 위한 의지와 허락을 구하여 팀원들이 협력적인 마음가짐을 갖고 중재 과정에 참여할 수 있도록 준비시키기

사전 미팅 시나리오

팀장과 팀원 A의 사전미팅

팀 장: 요즘 많이 힘드셨죠? B님과의 문제에 관해 이야기하려고 합니다. 지금 갈등 상황이 팀 내 분위기와 업무에 점점 더 심하게 영향을 미치는 것 같아요. 저 역시 이 상황이 길어질수록 팀원 모두가 지쳐갈까 봐 걱정입니다.

팀원A: 네, 맞습니다. 사실 저도 마음이 편하지 않아요. 다른 팀원과 계속 부딪히다 보니 일에 집중하기도 어렵고, 소통이 쉽지 않은 것 같습니다.

팀 장: 그럴 수 있죠. 이해합니다. A님과 B님 모두가 팀을 위해 노력하고 있다는 걸 잘 알고 있습니다. 그렇기 때문에 서로 간의 오해와 갈등이 해결된다면, 더 나은 협력 환경을 만들 수 있을 거라고 생각합니다. 오늘 이 자리는 A님 입장에서 편하게 이야기해 주시면 좋겠습니다.

팀원A: 사실, 제가 혼자만 이렇게 힘들어하는 건 아닌가 생각했었어요. 상대방도 같은 팀인데, 정말 해결이 가능할지 자신이 없기도 합니다.

팀 장: 충분히 공감됩니다. 이런 상황은 누구에게나 힘든 일이죠. 하지만 함께 해결을 시도해보는 것이 장기적으로 팀과 A님께도 도움이 될 거라고 생각합니다. 지금 단계에서 중요한 것은, A님이 상대방과의 문제를 해결할 의지가 있는지, 저와 함께 이를 해결할 마음이 있는지입니다. 함께 해볼 수 있을까요?

팀원A: 네, 저도 문제를 풀고 싶어요. 갈등이 계속되는 것도 스트레스라서... 그런데 그게 가능할까요? 일단 저도 같이 노력해볼게요.

팀 장: 감사합니다. 그럼 이후에 B님과도 이야기를 나누고, 세 명이 함께 하는 갈등 해결을 위한 자리를 마련하겠습니다. 최선을 다해봅시다.

팀장과 팀원 B의 사전 미팅

팀 장: 요즘 많이 힘들었죠? 이 문제에 관해 이야기할 시간을 가지려 자리를 마련했습니다. 지금 갈등이 팀 전체 분위기와 업무에 영향을 미치고 있는 것 같아 염려가 됩니다.

팀원B: 네, 솔직히 마음이 계속 불편했습니다. A님과의 소통이 어려워지면서 스트레스가 많이 쌓였던 것 같습니다.

팀 장: 충분히 이해합니다. B님과 A님이 각자의 자리에서 최선을 다하고 있는 걸 잘 알고 있어요. 서로가 조금만 더 이해하고 협력할 수 있다면, 팀에 큰 도움이 될 거로 생각합니다. 오늘 이 자리는 B님이 생각하는 문제점이나 갈등의 원인, 그리고 앞으로 해결해 볼 방향에 대해 들어보고 싶습니다.

팀원B: 네, 저도 이 갈등이 해결됐으면 좋겠습니다. 사실 무슨 말을 해도 오해를 사는 것 같아 어떻게 접근해야 할지 고민이 많았습니다.

팀 장: 그런 부분이 힘드셨겠네요. 갈등이 오래될수록 서로의 의도를 오해하기 쉬운 법입니다. 그렇기 때문에 한번 이 문제를 해결해 볼 필요가 있다고 생각합니다. B님도 A님과 이 문제를 풀어볼 의지가 있는지 궁금합니다. 제가 최대한 도울 테니, 함께 해볼 마음이 있나요?

팀원B: 네, 저도 문제를 해결하고 싶어요. A님과도 계속 같은 팀에서 일해야 하니까요. 그런데 쉽지 않아 보여요. 그래도 팀장님이 도와주신다면 해보겠습니다.

팀 장: 감사합니다. A님과도 같은 마음을 확인했고, 세 명이 함께 만나서 이 문제를 이야기해 보도록 하겠습니다. 최선을 다해 도와드릴게요.

주 의 이 사전 미팅에서 감정적으로 골이 깊은 팀원들을 위해서는 더 많은 시간의 이해와 공감의 시간이 필요할 수 있습니다. 이 과정에서 갈등의 당사자들은 중재자인 팀장에게 충분히 공감을 받으면 갈등을 해결할 마음이 생깁니다. 중재자에게 공감을 받지 못한다고 생각하면 갈등 해결의 자리로 나아가기는 어렵습니다.

갈등 중재 프로세스

 갈등 중재를 위한 사전 미팅이 끝나면 본격적인 갈등 중재 프로세스로 이어집니다. 만약 사전 미팅에서 협력할 마음이 없거나 대화를 거부한다면, 이러한 마음이 해소되기 전에는 중재 프로세스에 들어가는 것은 바람직하지 않습니다. 어렵지만 함께 이야기해 보겠다는 당사자들의 의지가 필수적입니다. 갈등 중재는 단순히 분쟁을 멈추는 것을 넘어, 각자의 감정과 기대와 욕구를 이해하고 신뢰와 협력의 문화를 재구축하는 중요한 과정입니다. 특히 갈등이 감정적으로 깊어진 상황에서는 세심한 접근과 열린 소통이 필수적입니다. 본격적인 갈등 중재를 위해서는 각 단계별로 대화를 구조화하여 서로의 감정을 경청하고, 상대에 대한 이해와 공감을 할 수 있도록 전개합니다.

갈등 중재 주요 단계들

단계 1 절차 설명과 허락 얻기

 중재를 시작하기 전에 팀장은 중재 과정의 절차를 명확히 설명하고 당사자들에게 진행 순서에 대한 허락을 구하는 시간을 가집니다. 이는 팀원들이 진행 방식을 이해하고 안전감을 느끼게 하는 중요한 단계입니다. 중재 과정에서는 각자의 이야기를 들으며 감정을 공유하고 해결의 실마리를 찾을 것이라는 설명과 함께, 대화 중 감정적인 반응이 있을 때 어떻게 대처할지에 대해 논의합니다. 이렇게 사전에 절차를 합의함으로써 팀원들은 대화의 방향성과 안정감을 느끼고 중재에 임할 수 있습니다.

단계 2 경청 기술 설명

갈등이 감정적으로 깊은 만큼 상대방의 이야기를 잘 듣는 것이 중요합니다. 팀장은 각 팀원에게 경청의 중요성을 설명하며, 상대의 감정을 이해하는 태도를 강조합니다. 경청은 단순히 이야기를 듣는 것이 아닌, 상대의 감정을 헤아리고, 그 감정이 어떤 기대나 욕구에서 비롯되었는지 이해하는 것입니다. 즉, 공감하는 것입니다. 이를 통해 팀원들은 상대의 입장을 이해하는 데 중점을 두게 되며, 방어적인 태도를 완화하고 열린 마음으로 대화에 임할 수 있습니다.

단계 3 팀원 A의 이야기 경청

갈등의 양측을 공정하게 다루기 위해 먼저 팀원 A의 입장을 들어보는 시간을 가집니다. 팀장은 A에게 자유롭게 자신의 감정과 사건에 대한 시각을 표현하도록 권유하고, B는 이 시간을 통해 A의 이야기를 경청하게 합니다. A는 자신이 상처받았던 이유와 그 배경, 그리고 그로 인해 기대했던 부분이 무엇인지 말할 수 있습니다. 이 과정에서 팀장은 A의 감정을 깊이 공감하며 이해하는 태도로 경청하며, B 역시 경청의 자세를 유지하도록 독려합니다.

단계 4 **팀원 B의 관점에서 A의 이야기 되짚어보기**

A의 이야기가 끝나면 B에게, A의 이야기를 듣고 이해한 내용을 요약하여 되짚어보도록 요청합니다. 팀장은 이 과정에서 B에게 A의 감정과 기대를 명확히 이해했는지 확인하는 질문을 합니다. 이를 통해 B는 A의 감정을 더 깊이 인식하고, 서로의 입장이 구체적으로 다르게 느껴졌던 부분을 확인할 수 있습니다. 이 과정은 서로의 감정을 오해하지 않고 더 정확히 이해하는 데 도움을 줍니다.

단계 5 **팀원 A의 소감 나누기**

B의 이야기를 듣고 나면, 팀장은 A에게 B의 이야기를 들으며 느낀 점에 관해 이야기하게 합니다. 이 단계는 A가 B의 이해도를 확인하는 중요한 시간입니다. A는 B가 자신의 입장을 제대로 이해했다고 느꼈는지, 혹은 아직 남아 있는 감정이나 생각이 있는지를 솔직하게 표현합니다. 이는 대화의 이해도를 높이며, 상대방의 노력을 인정하는 기회로 작용합니다.

단계 6 서로의 역할을 바꿔서 **팀원 B의 이야기 경청**

　다음 단계에서는 B의 입장을 듣는 시간을 가집니다. 팀장은 B에게도 마찬가지로 자신의 감정과 기대를 이야기하도록 요청하며, 이 과정에서 A는 B의 이야기를 경청합니다. B는 자신의 상처나 불만이 무엇인지, 그로 인해 생긴 기대와 해결에 관한 생각을 솔직히 표현합니다. 팀장은 이 대화를 공정하게 진행하며, B의 이야기를 집중적으로 경청하고 A가 방해하지 않도록 유도합니다.

단계 7 **팀원 A의 관점에서 B의 이야기 되짚어보기**

　B의 이야기가 끝나면 A에게 B의 감정에 관해 이해한 내용을 요약해 보도록 요청합니다. A는 B의 감정과 기대를 되짚으며, 상대방이 느꼈던 감정의 배경과 상황을 이해하려고 노력합니다. 이 과정은 B에게도 자신이 충분히 이해받고 있다는 안도감을 주며, 서로의 입장이 구체적으로 전달되는 계기가 됩니다.

단계 8 **팀원 B의 소감 나누기**

　마지막으로, 팀장은 B에게 A가 자신의 입장을 잘 이해했는지에 대한 피드백을 요청합니다. 이 과정을 통해 B는 A가 자신의 감정을 잘 이해했는지 여부를 말하며, 상대방이 이해하지 못한 부분에 대해 추가로 설명할 수 있습니다. 이에 인해 두 사람이 서로의 감정을 서로 깊이 인식하고, 오해가 해소될 가능성이 높아집니다.

단계 9 **추가 과정 필요 여부 판단**

갈등 중재의 마지막 단계는 팀장이 두 사람의 대화를 종합적으로 판단하여, 추가적인 해결 과정이 필요한지를 검토하는 것입니다. 대화를 통해 감정이 어느 정도 해소되었고 서로의 기대를 인식했다면, 여기서 마무리할 수 있습니다. 그러나 여전히 해결되지 않은 부분이 남아 있거나, 감정적 오해가 더 깊은 경우에는 추가적인 중재를 통해 협력 방안을 마련할 수 있습니다.

이와 같은 9단계를 통해 갈등을 중재하고, 실제 시나리오는 다음과 같습니다.

갈등 중재 시나리오
팀장과 팀원 A, 팀원 B의 갈등 중재

단계 1 절차 설명과 허락 얻기
장소: 다른 사람들에게 방해 받지 않는 조용한 장소

팀　장 : 두 분 모두 참석해줘서 고마워요. 이번 회의는 최근 서로에 대한 의견 차이로 갈등이 생긴 것 같아 마련했어요. 갈등은 언제나 발생하고, 또 누구에게나 일어납니다. 또 갈등은 우리가 한 팀으로 성장하기 위해 꼭 필요할 때가 있습니다. 오늘은 각자의 이야기를 충분히 듣고, 서로의 입장을 이해해 볼 시간을 가졌으면 합니다. 먼저, 한 분씩 차례대로 이야기할 건데요, 한 사람이 이야기할 때 다른 상대방은 경청해 주는 방식으로 진행하겠습니다. 이렇게 진행해도 괜찮을까요?

팀원들: 네, 괜찮습니다.

팀　장 : 좋습니다. A님부터 이야기를 시작하고, B님은 먼저 경청하겠습니다. 이후에 역할을 바꾸도록 하죠.

단계 2 경청 기술 설명
팀장은 경청하는 방법에 대해 설명한다.

팀　장 : 경청이 단순히 듣는 게 아니라는 건 알고 계시죠? 상대방이 어떤 감정으로, 어떤 기대를 가지고 이야기하는 지를 느끼려고 노력하는 게 중요합니다. 오늘은 서로의 이야기를 들을 때 상대의 감정과 기대, 욕구에 초점을 맞춰주세요. 듣다보면 때로 불편할 수도 있지만, 경청을 통해 서로의 입장을 이해하고자 하는 마음을 가지셨으면 합니다. 이 과정에서 하고 싶은 말이 있다면, 그 이야기는 나중에 의견을 나누는 시간에 해주세요. 그래서 중간에 하고 싶은 말이 있어도 잠시 참아주시고, 상대를 이해하는 데 집중해 주세요. 나중에 충분히 이야기할 시간을 드리겠습니다. 또 말하는 분은 상대에 대한 비난이 아닌 자신의 느낌과 상황, 관점에서 이야기해 주세요. 상대에 대한 비난이라고 판단될 때는 제가 이야기를 잠시 멈추도록 요청하겠습니다.

단계 3 A에게 중요한 내용 인터뷰 팀원 A의 이야기 경청
팀장이 A에게 먼저 이야기를 요청한다.

팀　장 : A님, 최근 B님과 있었던 일에 대해 이야기해 주세요. 그 일이 왜 A님에게 중요한지, 그리고 그 과정에서 어떤 감정을 느끼셨는지도 말씀해 주시면 좋겠어요.

팀원A : 음, B님과 협업을 하면서 실망감이 많았습니다. 처음에 저희 팀 프로젝트에 대해 의견을 나누었을 때는 분명 합의가 된 사항이었는데, B님이 중간에 본인 생각대로 방향을 바꾸시는 것 같았거든요. 제가 여러 번 그 부분에 대해 문제를 제기했지만, 무시당하는 느낌이었어요.

팀　장 : 그 부분에서 많이 불편함을 느끼셨군요. 어떤 감정이 가장 크게 느껴지셨나요?

팀원A : 네... 제가 쓸모없다는 생각이 들었어요. 마치 제 의견은 중요하지 않다는 듯한 느낌을 받았고, 그래서 갈등이 더 커졌어요.

팀　장 : 그런 감정을 느끼셨군요. A님께서는 인정받고, 서로 합의한 내용이 존중되길 바라는 마음이 있었군요. 이 부분이 A님께 얼마나 중요한지 말씀해 주시겠어요?

팀원A : 저는 일할 때 의견을 신뢰받는 게 정말 중요하다고 생각해요. 신뢰가 깨지면 다시 회복하기 어렵다고 생각하거든요.

팀　장 : 알겠습니다. A님의 입장에서는 팀 내 신뢰가 굉장히 중요한 부분으로 작용하고 있었네요. 혹시 다른 부분에서 더 말씀하시고 싶은 내용이 있나요?

팀원A : 네, 제가 무시당하는 것 같은 느낌을 받을 때마다 점점 더 화가 쌓였고, 이제는 감정적으로 B님과 이야기하기가 어려운 상황입니다.

중략

단계 4 팀원 B의 관점에서 A의 이야기 되짚어보기
팀장이 B에게 A의 입장을 듣고 자신의 생각을 말하도록 유도한다.

팀　장 : B님, 지금까지 A님의 이야기를 들었는데요. A님이 느낀 감정과 중요하게 여기는 부분에 대해 어떻게 들으셨나요? 지금 이야기할 때 중요한 것은 B님의 입장보다는 A님의 감정과 기대, 욕구에 초점을 맞춰주시면 좋겠습니다. B님의 입장과 생각은 잠시 뒤에 나누겠습니다.

팀원 B : A님의 이야기를 듣고 보니... 제가 생각보다 큰 상처를 주었나 봅니다. 저도 나름 열심히 프로젝트를 진행하려는 의도였는데, A님이 그걸 무시라고 생각하니 마음이 무겁네요.
팀　장 : B님도 나름의 목표를 가지고 진행하셨다는 말씀이신데요. 혹시 A님의 기대나 감정에 대해 이해되는 부분이 있었나요?
팀원 B : 네, 이제 보니 A님은 정말로 팀워크를 중요시하고 신뢰를 기반으로 일하는 걸 원하셨던 것 같아요. 제가 그 부분에 대해 충분히 배려하지 못한 것 같습니다.
팀　장 : 그렇게 느끼셨군요. B님도 지금 A님의 기대와 신뢰가 깨지지 않도록 노력해 주고 싶은 마음이 느껴지네요?
팀원 B : 네, 그 부분은 다시 회복하고 싶어요.

중략

단계 5 팀원 A의 소감 나누기
팀장이 A에게 B의 답변에 대한 소감을 묻는다.

팀　장 : A님, 방금 B님의 이야기를 들으셨는데, 어떤 생각이 드셨나요?
팀원 A : 솔직히 B님이 이해가 되긴 합니다. B님이 의도적으로 저를 무시하려고 하신 건 아니었던 것 같아요. 머리로는 이해하는데, 마음으로는 너무 제 의견이 소홀히 다뤄졌다고 느꼈고, 이로 인해 감정적으로 힘들었던 것 같습니다.
팀　장 : A님도 B님의 입장을 조금 이해하게 되신 것 같네요. 그럼에도 여전히 불편함이나 서운함이 남아있는 부분이 있나요?
팀원 A : 네, 그래도 여전히 그때의 감정이 완전히 사라지진 않았어요. 그때 그 사건이 자꾸 떠오르면 다시 마음이 상하기도 하고요.
팀　장 : 그렇군요. 이 부분에 대해서 더 이야기할 부분이 있을까요?
팀원 A : 괜찮습니다. 이 정도면 제 마음을 어느 정도 이야기한 것 같아요.

단계 6 **B에게 중요한 내용에 대해 인터뷰 팀원 B의 이야기 경청**
팀장이 B에게 중요한 점과 감정에 대해 이야기하도록 한다.

팀　장 : 이번에는 B님의 입장에서 이 상황에서 중요했던 점을 이야기해 주세요. 어떤 점이 중요했고, 어떤 감정을 느끼셨나요?

팀원 B : 저는 프로젝트가 예정대로 완료되는 게 정말 중요했습니다. 그래서 급하게라도 방향을 수정해야 했다고 생각했어요. 그런데 그 과정에서 A님과의 소통이 충분하지 않았던 것 같아요. 나름대로는 최선을 다했는데, 그게 오히려 A님께 상처를 줄 줄은 몰랐습니다.

팀　장 : B님께서는 빠르게 진행하는 것이 중요했다고 생각하셨군요. 그런데 그 과정에서 A님께 상처를 줬다는 걸 알게 된 지금, 어떤 감정이 드시나요?

팀원 B : 죄송한 마음이 듭니다. 그때는 너무 일에만 집중한 나머지 A님의 의견을 존중하지 못했습니다.

팀　장 : 또 어떤 마음이 드나요?

팀원 B : 약간은 억울한 마음이 있습니다. 저는 나름대로 좋은 프로젝트 결과를 얻기 위해 노력한 것인데, A님에게 상처를 줄 마음은 전혀 없었어요. 그런데 상처를 받았다고 하니까 미안하기도 하면서 내 의도는 그런 게 아닌데 하는 약간의 억울함, 그런 게 있어요. 그래도 A님 이야기를 들으며 이해되는 부분도 있긴 합니다.

팀　장 : 또 이야기하고 싶은 게 있나요?

팀원 B : 이 정도 이야기하면 될 것 같아요.

단계 7 팀원 A의 관점에서 B의 이야기 되짚어보기

팀장이 A에게 B의 입장에 대한 소감을 나누도록 한다.

팀　장 : A님, B님의 이야기를 듣고 어떤 생각이 드셨나요? B님이 왜 그렇게 행동하셨는지 조금 이해가 되시나요?

팀원 A : 네, 들으면서 나름의 이유가 있었다는 걸 알게 됐습니다. B님에게 프로젝트를 더 잘하고 싶다는 의지가 느껴졌어요. 더 좋은 성과를 내고 싶어 하는 마음이 크다는 것도 알게 됐고요. 또 일부러 제 의견을 무시하려는 마음이 없다는 것도요. 그래도 다음에는 조금 더 소통이 있었으면 합니다.

단계 8 팀원 B의 소감 나누기

팀　장 : B님, 마지막으로 A님의 이야기를 들으며 느낀 점을 말씀해 주세요.

팀원 B : A님이 아직 마음의 상처가 남아 있다는 걸 알게 되었고, 앞으로는 서로의 의견을 더 자주 나누어야겠다는 생각이 듭니다.

단계 9 추가 과정 필요 여부 판단하기

팀　장 : 좋습니다. 두 분 모두 서로의 입장을 잘 이해해주셔서 감사합니다. 지금 당장은 감정이 완전히 해소되지 않을 수 있겠지만, 앞으로의 협업에서 서로의 감정과 기대를 존중하면서 더 나은 팀워크를 만들어 갈 수 있도록 저도 계속 지원하겠습니다. 혹시 추가로 더 말하거나 나누고 싶은 부분이 있다면 언제든지 말씀해 주세요.

갈등 중재 프로세스는 단순히 문제를 해결하는 것을 넘어서 팀원 간 신뢰와 협력을 새롭게 구축하는 중요한 기회로 작용합니다. 갈등 중재가 항상 정해진 순서로 진행되는 것은 아니지만, 핵심은 각자가 상대의 입장을 충분히 이해하고, 자신의 입장, 감정, 욕구, 기대 등을 솔직하게 표현할 수 있도록 하는 것입니다. 이러한 과정 속에서 상대를 존중하며 듣고 말할 수 있는 구조를 만드는 것이 중요합니다. 갈등 중재 상황에서 각자의 감정과 기대를 진지하게 경청하고, 상호 이해를 바탕으로 함께 해결 방안을 모색하는 과정은 개인과 팀 모두에게 깊은 성장을 가져다줍니다. 또한, 팀원들은 갈등을 단순한 불편 요소가 아닌 서로의 차이를 존중하며 더 큰 목표를 위해 발전하는 계기로 삼을 수 있습니다. 나아가, 중재 과정을 통해 팀은 문제를 긍정적으로 관리할 수 있는 역량을 키우고, 어려운 상황에서도 유연하게 대응하는 강한 협력 문화를 형성하게 됩니다.

이처럼 갈등 중재는 팀의 심리적 안전과 성과를 높이기 위한 필수 단계이자, 팀의 효과성과 협력 문화를 다지는 계기입니다. 이 과정에서 형성된 신뢰와 이해는 팀의 창의성, 혁신성, 성과에 긍정적 영향을 미칩니다. 그래서 갈등을 어떻게 다루느냐에 따라 팀의 성장 속도와 성숙도가 달라집니다. 물론 이러한 과정은 쉽지 않으며 상당한 스트레스를 동반합니다. 그래서 갈등이 깊어지기 전에 예방하고 해결하는 것이 훨씬 효과적입니다.

　갈등 중재자의 가장 큰 역량은 갈등 당사자들에게 공감하는 것과 당사자들이 서로를 공감하게 돕는 것입니다. 갈등 당사자들은 자신이 공감받지 못한다는 생각이 들면 더 이상 프로세스를 진행하려 하지 않고, 자기 입장을 강요하고 상대를 비난하는 데 집중하게 됩니다. 이렇게 되면 갈등 중재 프로세스는 실패하게 됩니다. 중재자는 객관적인 위치에서 누가 맞고 틀리고를 이야기하는 심판자가 아님을 유념해야 합니다.

Congratulations! Teamwork Reboot completed.

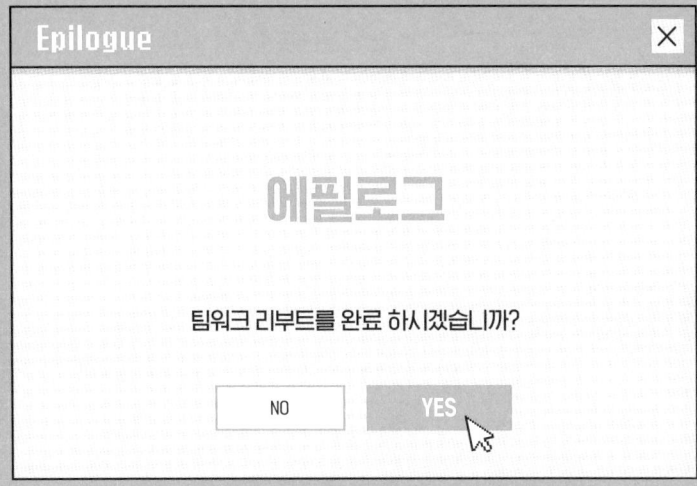

Epilogue

손기정 선수가 1936년 베를린 올림픽에서 금메달을 땄습니다. 그때 기록은 올림픽 신기록으로 2시간 29분 19초였습니다. 당시 마의 벽이라 불렸던 2시간 30분의 벽을 깨고 전 세계인들에게 감동을 주었습니다. 혹시 지금 전 세계에 2시간 30분 이내에 들어올 수 있는 마라토너가 몇 명쯤 될 거로 생각하십니까? 정확히는 저도 모릅니다. 이제는 이 기록이 의미 있는 기록이 아니라서 통계를 잡지 않기 때문입니다. 제 어림짐작으로는 몇만 명은 넘지 않을까 생각합니다. 우리나라에만 해도 2시간 10분 이내의 기록이 있는 국가대표들이 있고, 그다음 실업 선수들 심지어 최상위 아마추어들도 2시간 30분 이내의 기록을 가지고 있습니다. 마라톤에서 낮은 수준인 우리나라만 해도 몇십 명 이상이 2시간 30분 이내에 들어올 수 있을 것 같습니다. 지난 몇 십 년 사이 어떤 일이 있었던 것일까요? 그동안 갑작스럽게 진화해서 사람들에게 재능이 생긴 건 당연히 아닙니다. 지금의 선수들이 이전보다 더 큰 노력을 해서도 아닙니다. 결론은 지금까지 마라톤 경기력 향상에 관한 수많은 연구가 있었고, 그 연구의 결과로 좋은 전략과 훈련방법, 휴식, 회복 등이 선수들의 기량을 향상시켰습니다.

저는 최상위 수준의 성취에 있어서는 재능이 정말 중요하다고 생각합니다. 그런데 만약 어떤 분야에서 상위 0.01%의 세계 최고 수준이나 국가대표급이 아니라, 상위 3% 정도에서 1% 정도를 목표로 한다면 저는 재능과는 다른 이야기를 하고 싶습니다. 일반인의 최상위 수준은 재능보다는 좋은 전략과 방법, 피드백, 그릿Grit, 끈질긴 투지와 노력, 메타인지인지에 대한 인지, 아는 것과 모르는 것을 구별하는 능력 등이 훨씬 중요합니다. 국가대표급은 상위 0.01% 이상으로 앞서 말한 모든 것들에 더해 탁월한 재능이 필요한 영역이고, 그뿐만 아니라 운도 필요합니다. 이 책에서는 상위 0.01%의 특별한 재능을 가진 사람이 아닌 보통 사람이 상위 1~3%로 성장할 수 있다고 전제합니다.

예전에 어느 때인지 어떻게 인지 정확히 기억은 나지 않지만 달리기에 관한 이야기를 들었습니다. 많은 운동량과 다이어트 효과, 러너스 하이라는 신세계에 관한 이야기, 간편한 준비와 언제 어디서든 할 수 있는 매력적인 운동이라고 인식했습니다. 그렇게 마음 한구석, 달리기에 대한 로망이 생기고 40대 중반의 어느 날 내 적정 몸무게보다 15kg이 더 나간다는 다소 충격적인 통보를 받은 직후, 달리기가 떠 올랐습니다. 처음 달리기를 시작하려고 마음먹었을 때는, 내가 예전에 축구를 좀 한 사람이고 또 이제 단단히 마음을 먹었으니 최선을 다해 뛰어보리라는 의지가 불타올랐습니다. 그래서 호기롭게 매일 한 시간씩 뛰어보겠다고 결심했습니다. 바로 다음 날 저는 가볍게 몸을 풀고 마음을 다잡고, 이제 새로운 출발의 시작점에 섰다는 비장한 각오를 하고 크게 심호흡을 한 후, 첫 발걸음을 떼고 달리기를 시작했습니다. 처음 10초 정도가 지난 뒤, "그래, 바로 이거야"라는 확신이 들었습니다. 발걸음이 점점 가벼워지고 속도도 나기 시작했습니다. 이 상쾌함이 얼마만인지. 그런데 한 30~40초가 지나고 나서는 호흡이 가빠오고 50초가 지나서는 죽을 것 같은 고통이 몰려왔습니다. 결국 1분도 못 뛰고 걷기 시작했습니다. '이건 뭔가 잘못된 거야' 하면서 다시 호흡이 돌아왔을 때, '다시 뛰어보자'라고 생각하고 마음을 다잡고 뛰기 시작했습니다. 이번에도 결과는 같았습니다. 그렇게 한두 번 정도 더 시도해보고, 집으로 돌아왔습니다. 결론적으로 그날 저는 60분은 고사하고, 60초도 한 번에 제대로 뛸 수 없었습니다. 너무 호흡이 가쁘고 힘들어서 제 체력 수준이 엉망이었다는 것을 깨달았습니다. 제 체력에 대한 충격과 그보다 더 큰 패배감이 머릿속을 떠나지 않았습니다.

만약 성장에 관한 이해나 좋은 전략의 중요성을 알지 못했다면, 그렇게 집에 돌아온 후에 '난 달리기에는 재능이 없나봐' 하며 낙담하고 포기하거나 다른 운동을 알아보기 시작했을 것입니다. 그러나 저는 앞서 말했던 좋은 훈련 방법과 메타인지, 그릿을 기반으로 상위 3%정도의 기록을 목표로 정하고 달리기 관련 공부를 시작했습니다. 달리기 상위 3%는 10km를 기준으로 대략 42분 정도의 기록입니다. 당시 제 몸 상태로는 10km는 기록이 문제가 아니라 완주조차도 상상하기 힘든 영역이었습니다. 우선 점진적으로 체력을 늘려나가는 훈련법들을 찾아보았습니다. 달리기에 관한 공부를 시작하니 그냥 참고 뛰는 것으로만 생각했는데, 착지법, 팔동작, 골반 움직임, 페이스 조절, 호흡법, 심박수 영역까지 다양한 방법을 배우고 몸에 익혀야 했습니다. 1분을 뛸 수 있게 되면 다음은 2분을 뛰는 것으로, 그다음은 3분을 뛰고, 이렇게 점차 시간을 늘려나갔습니다. 60분 정도를 쉬지 않고 뛰는 수준이 되는 데까지 대략 8주 정도의 시간이 걸렸던 것 같습니다. 그렇게 2년 동안 조금씩 조금씩 강도를 높여가며 좋은 코치를 만나고 올바른 훈련을 성실하게 해내며 지금은 10km를 41분대에 뛸 수 있는 상위 3%의 기록을 가지게 되었습니다. 쉽게 이야기했지만, 사실 그 과정은 쉽지 않았고 인내로 참고 견디는 2년의 시간이었습니다. 저는 2년이 걸렸지만 저보다 재능이 있는 어떤 분은 몇 개월 만에도 가능하고, 반대로 또 어떤 분은 4~5년의 시간이 필요할 수도 있습니다. 어느 정도 재능이 작용한다고 볼 수 있지만, 앞서 말한 상위 3% 영역은 시간의 문제이지 일반인이 도달할 수 없는 영역은 아닙니다.

모든 사람은 달릴 수 있습니다. 누구나 달리는 법을 알고 있지만, 정말로 잘 달리려고 하면 배움의 시간도 연습하는 시간도 필요합니다. 팀워크 기술도 마찬가지입니다. 누구나 업무 소통을 하고, 의사결정을 하고, 피드백을 주고, 회의를 하지만 정말로 그것들을 잘하고 싶다면 배우고 연습하는 시간이 필요합니다. 조금 느린 분이라고 하더라도 꾸준히 노력한다면 국가대표급의 최고 리더는 아니더라도 상위 3% 정도의 탁월한 리더는 될 수 있을 것입니다. 그래서 중요한 것은 원칙과 원리에 대한 이해와 연습입니다. 책을 읽는 것만으로는 아무 변화도 일어나지 않습니다. 이제 여러분의 삶 속에서, 일터에서, 가정에서, 배운 내용을 직접 적용해 보세요. 작은 실천이 쌓이면, 어느새 여러분도 '상위 3%'의 성취를 경험할 수 있을 것입니다.

혹시 좋은 변화가 있었다면, mekhander@gmail.com으로 소식을 전해주세요. 질문이 있다면 언제든 연락해 주시길 바랍니다. 함께 고민해 보겠습니다. 여러분의 팀이 더 좋은 팀이 되고, 더 크게 성장하시기를 언제나 응원하겠습니다.

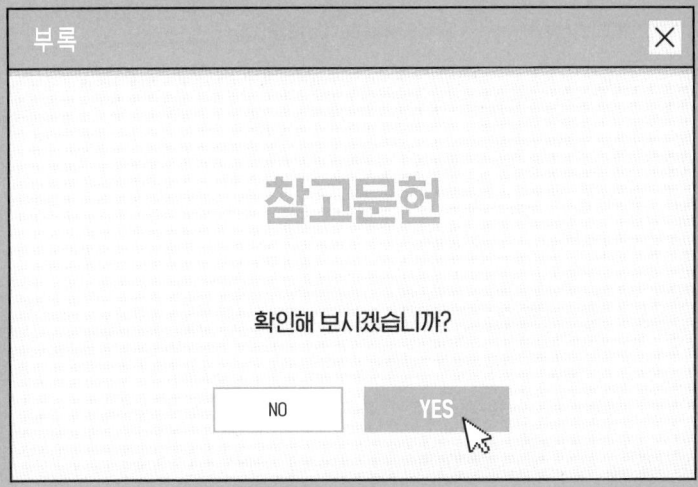

참고문헌

1장 좋은 팀에 대한 이해

- Katzenbach, J. R., & Smith, D. K. 《The Wisdom of Teams》, 1993
  성과, 작업물, 구성원 성장이라는 세 가지 핵심 결과물을 제시하며 좋은 팀의 지향점을 정의

- Tuckman, B.W. 《Developmental Sequence in Small Groups》, 1965
  팀 발전의 4단계(형성-혼란-규범-성과) 모델을 통해 팀 빌딩의 시기와 방법을 설명

- Beckhard, R. 《GRPI Model》, 1972
  목표-역할-절차-관계라는 네 가지 요소로 팀 상태를 진단하고 개선 방법론 제시

- LaFasto, F., & Larson, C. 《When Teams Work Best》, 2001
  효과적인 팀워크를 위한 다섯 가지 역동 요소 제시

- Lencioni, P. M. 《The Five Dysfunctions of a Team》, 2002
  팀이 실패하는 다섯 가지 이유(신뢰 부족, 갈등 회피, 헌신 결여, 책임 회피, 성과 무관심)를 제시하며 문제 진단과 해결에 도움

- McGregor, D. 《The Human Side of Enterprise》, 1960
  X이론과 Y이론을 통해 리더의 인간관이 팀 문화와 성과에 미치는 영향 설명

- Belbin, R. M. 《Management Teams: Why They Succeed or Fail》, 1981
  '아폴로 증후군', '과잉인재효과'를 통해 뛰어난 인재만으로 구성된 팀의 한계 설명

- Google re:Work 연구 《Project Aristotle》, (https://rework.withgoogle.com/)
  구글 연구 결과를 바탕으로 팀 효과성의 핵심 요인인 심리적 안전과 신뢰성 강조

2장 좋은 팀을 만드는 기술

- Rosenberg, M. B. 《비폭력 대화》, 2003
  감정과 욕구 중심의 대화로 존중과 공감을 바탕으로 갈등을 해결하는 방법 제시

- 《예스를 이끌어 내는 협상법》 Fisher, R., & Ury, W. 1981
  갈등 해결의 핵심원칙: 입장이 아니라 관심사에 집중할 것

- Stone, D., Patton, B., & Heen, S. 《하버드 피드백의 기술》, 2010
  피드백을 두려움이 아닌 성장의 기회로 활용하는 방법 안내

- US Army 《After Action Review (AAR) Handbook》
  현장 중심의 즉각적 피드백 방법론으로 실행과 학습을 연결
- Kaner, S. 《민주적 결정 방법론》, 2014
  회의와 의사결정을 확산-수렴 과정으로 나누어 합의에 이르는 방법 제시
- Baumeister, R.F., & Tierney, J. 《의지력의 재발견》, 2011
  '의지력 고갈' 개념을 통해 중요한 결정을 위해 에너지를 현명하게 관리하는 방법 설명
- Goulston, M. 《뱀의 뇌에게 말을 걸지 말라》, 2014
  감정적·비이성적 반응에 효과적으로 대응하는 커뮤니케이션 기술 제시
- Luft, J., & Ingham, H. 《The Johari Window》, 1955
  '사각지대' 개념을 통해 피드백이 개인 성장과 신뢰 구축에 기여하는 방식 설명

3장 좋은 팀을 만들기

- 윤수환, 남관희 《팀장은 처음이라》, 국내 출간
  팀장의 역할, 위임, 소통 등 리더십 기본기를 다룸
- Covey, S. R. 《성공하는 사람들의 7가지 습관》, 1989
  '승-승 사고'를 통해 협력 관계와 긍정적 갈등 대응 관점 제시
- Hill, L. A.,& Lineback, K. 《보스의 탄생》, 2014
  리더의 역할 재정립과 피드백 원칙을 강조
- 박효정 외 《언컨플릭》, 국내 출간
  갈등을 성장의 기회로 전환하는 방법론 제시
- 박효정 《조직 갈등관리 트레이닝북》, 국내 출간
  갈등 원인 분석과 해결 프레임워크 제시
- Goleman, D.,Boyatzis, R., & McKee, A. 《감성의 리더십》, 2002
  리더의 감성 지능이 신뢰·심리적 안전, 팀 성과에 미치는 영향 설명

팀워크 리부트

좋은 팀을 만드는 현업 밀착 팀장 가이드

초판 1쇄 발행 2025년 10월 20일

지은이 박성규
기획 정강욱, 이연임
편집 백예인
디자인 한이슬
출판 리얼러닝
주소 서울시 마포구 어울마당로1길 18, 2층
전화 02-337-0333
이메일 withreallearning@gmail.com
출판등록 제 406-2020-000085호

ISBN 979-11-991584-6-7

※ 이 책은 저작권법에 따라 보호받는 저작물이므로 무단 전재와 복제를 금지하며,
  이 책의 전부 또는 일부를 이용하려면 반드시 저작권자와 도서출판 리얼러닝의 동의를
  받아야 합니다.